KB019559

LEARN KOREAN THROUGH K-DRAMAS

인기 드라마로 배우는 한국어

K-DRAMA KOREAN SERIES 1

LEARN KOREAN
THROUGH K-DRAMAS

Published in 2021 by Seoul Selection
B1, 6 Samcheong-ro, Jongno-gu, Seoul 03062, Korea
Phone: (82-2) 734-9567
Fax: (82-2) 734-9562
Email: hankinseoul@gmail.com
Website: www.seoulselection.com

ISBN: 979-11-89809-46-1 13710
Printed in the Republic of Korea

K-DRAMA KOREAN SERIES 1

LEARN KOREAN THROUGH K-DRAMAS

인기 드라마로 배우는 한국어

By Lee Miok

Seoul Selection

1. How do I watch the featured K-drama scenes?

It wouldn't be an overstatement to say that we are a generation raised on visual media. Visual media gives us direct access to endless information. The scripts contained in this book have been approved by the selected Korean drama (K-drama) shows' original broadcasting networks and writers and the scenes can be viewed on YouTube and Netflix via the provided links, search terms, and QR codes at any time. This book features not only the most beloved K-drama shows aired since 2012 but also their most-viewed scenes. It takes less than five minutes to watch the scenes featured in each chapter, so all you need is access to the Internet and YouTube or Netflix to study Korean language anywhere and anytime.

2. How is this book structured?

This book is mainly structured around video scripts. Though the videos are each only about five minutes long, there is much to be learned from the content of each script. While this book was created with students with intermediate Korean language proficiency as its target audience, the vocabulary and grammar exercises range from beginner to advanced, allowing for students at different levels of proficiency to

1. 드라마는 어떻게 보나요?

요즘은 동영상의 시대라고 해도 과언이 아닙니다. 수많은 정보를 동영상을 통해 구할 수 있습니다. 이 교재의 대본은 방송사와 작가의 허락을 얻어 실었고, 동영상은 유튜브와 넷플릭스에서 언제든지 시청할 수 있게 링크와 검색어, QR코드를 제시했습니다. 2012년 이후에 방영된 가장 핫한 드라마를 선정했을 뿐만 아니라 드라마 안에서도 클릭 수가 월등히 높은, 많은 시청자에게 사랑받는 영상을 선택했습니다. 영상도 길지 않은 5분 내외로, 짧은 시간 안에 보실 수 있습니다. 인터넷만 할 수 있다면, 유튜브나 넷플릭스에 접속할 수 있다면 언제든 공부할 수 있습니다.

2. 교재는 어떻게 구성되었나요?

교재는 기본적으로 영상 대본을 바탕으로 구성했습니다. 짧은 5분 안팎의 영상이지만 대본 내용을 풀어 보면 배울 것들이 아주 많습니다. 난이도는 중급 정도의 한국어 실력을 갖춘 유학생에게 맞추었지만, 단어나 문법은 초급부터 고급까지 제시했으므로 자신의 실력에 맞게 활용할 수 있습니다. 꼼꼼하게 설명한 단어와 문법 그리고 연습 문제 풀이를 통해 드라마에

make use of the book as they see fit. Essential vocabulary and grammar are explained in detail and exercise questions help you understand the various expressions used in the featured scenes to make your learning experience fun and applicable.

3. What Korean language skills can I strengthen through this book?

This book focuses on introducing colloquial Korean language expressions that are widely used in everyday contexts, which will expand the spectrum of your speaking skills. Also introduced in the book are trendy and popular expressions, catching you up to speed on the latest loanwords, abbreviations, acronyms, slang, and idioms used among young people today. Moreover, the characters and storylines of each show offer wider insight into Korean culture through food, fashion, and entertainment, as well as display values unique to the culture. These unforgettable scenes and beloved shows aren't made overnight—they are the sum of the efforts of writers, actors, directors, and countless staff. The process of learning the scenes does more than simply help you gain command of the Korean language; it enables you to absorb the essence of Korean culture.

4. Who is this book for?

This book is for all learners of the Korean language above beginner level. Even if you frequently watch K-dramas, it is difficult to retain more than 10 percent of the linguistic content without further practice of the vocabulary and grammar. Rather than acting as a teacher,

나온 다양한 표현을 이해하면서 한국어를 재미나게 학습할 수 있습니다.

3. 교재를 통해 한국어의 어떤 영역을 강화할 수 있나요?

우선 한국에서 일상적으로 쓰는 구어체 표현을 알 수 있어 회화에 큰 도움이 됩니다. 또한 최근에 유행하는 신조어나 표현을 배울 수 있습니다. 젊은 사람들 사이에서 유행하거나 최근에 자주 쓰는 외래어, 준말, 비속어와 같은 입말을 학습할 수 있습니다. 뿐만 아니라 드라마 내용을 통해서는 한국 문화에 대한 이해를 넓힐 수 있습니다. 식문화, 패션 문화, 놀이 문화, 한국인들의 가치관 등을 드라마 속 인물들을 통해 자연스럽게 배울 수 있습니다. 인기 드라마의 명장면은 하루아침에 만들어지는 것이 아닙니다. 작가, 배우, 감독, 스태프 등 수많은 사람의 노력이 모여 드라마가 완성되고 명장면이 탄생합니다. 그 장면을 내 것으로 만드는 과정은 단순히 한국어만 배우는 것이 아니라 한국 문화의 진수를 흡수하는 과정입니다.

4. 교재는 누구에게 필요할까요?

한국 드라마를 사랑하는 초급 이상의 모든 외국인 학습자들에게 필요합니다. 드라마를 자주 시청하는 학습자라 해도 단어나 문법 공부를 같이 하지 않으면 본 내용의 10퍼센트도 머릿속에 저장되지 않습니다. 이 교재는 드라마 대본에 나오는 새로운 표현과 단어를 학습, 기억하여 유사한 상황에서 활용할 수 있게끔 도와줍니다. 선생님보다는 친구에 가까운 역할을

this book will be a friend who helps you learn and remember new expressions and words that appear in the scenes so you can use them in real-life situations.

This book is essential not only for students but also for teachers of the Korean language. Teaching materials currently on the market are excellent in terms of structure, but as their content is often so focused on teaching the language technically, it's hard to say they garner great interest. I have taught Korean language to college students for almost 10 years and frequently witness students losing interest and motivation mid-semester, even with the help of the most recommended textbooks.

The phrase, "Study for study's sake" has always had its limits. Unmotivated language study is painful for students and teachers alike. I have used K-dramas in my classes to refresh the atmosphere at such times and have seen success in reigniting students' will to study. The content in this book can be incorporated intermittently into regular courses and is also suitable as an auxiliary workbook.

5. What makes this book special?

What characterizes this book is its active use of videos. There have been many publications that attempt to teach Korean language through K-dramas, but most end up covering one or two shows in whole, which involves the hassle of using a CD and installing compatible video applications. What differentiates this book is that it reduces the hassle and makes the video content more accessible through the use YouTube and Netflix, two video platforms with a significant number of users

할 것입니다.

학습자뿐만 아니라 외국인 학생들을 가르치는 선생님들한테도 이 교재는 필요합니다. 시중에 나와 있는 한국어 교재들은 훌륭한 구성을 갖추고 있지만, 언어를 가르치는 데 치중하다 보니 재미까지 갖추었다고 보기는 어렵습니다. 10년 가까이 대학 강단에서 외국인 대상으로 한국어를 가르친 필자 역시 아무리 훌륭한 교재를 활용한다 해도 한 학기 중반이 지날 때쯤이면 학습자들이 흥미와 관심을 잃고 학습 의욕이 뚝뚝 떨어지는 현실을 늘 목격해 왔습니다. '공부를 위한 공부'는 늘 한계가 있는 법입니다. 동기부여가 되지 않은 어학 공부는 학생한테도 선생님한테도 고역입니다. 이럴 때 분위기를 바꿔서 드라마를 활용한 수업을 진행하면 저하된 학습 의욕을 다시 끌어올릴 수 있습니다. 정규 과정에서도 틈틈이 시간을 내서 공부할 수 있는 교재이고 부교재로 사용하기에 손색이 없습니다.

5. 이 교재의 특징은 무엇인가요?

이 교재의 특징은 무엇보다 동영상 플랫폼을 적극 활용하는 데 있습니다. 드라마를 통해 한국어를 배우는 교재는 기존에도 여러 권 출간되었지만 대부분 드라마 한두 편을 몰아 보는 것에 그쳤고, 드라마를 보려면 CD를 컴퓨터에 삽입하는 등 번거로운 과정을 거쳐야 했습니다. 그와 달리 이 교재에서는 전 세계에게 가장 많은 구독자를 보유한 유튜브와 넷플릭스를 활용하여 번거로움을 줄이고 쉽게 접근할 수 있도록 했습니다. 물론 유튜

across the world. And of course, the book itself has plenty to offer even without the video content.

K-drama is a widely enjoyed genre, yet the distribution period of most shows tends to be short as the industry relies on trends. This book explores not just one but five titles that have aired between 2012 and 2019 and joined the Korean Wave (Hallyu) through audiences' explosive responses to allow readers to master a wide range of up-to-date expressions.

브와 넷플릭스를 활용하지 않더라도 교과서만으로도 학습이 가능합니다.

드라마는 많은 대중의 사랑을 받는 장르지만 시류를 타는 까닭에 유통 기간이 그리 길지 않습니다. 그래서 한 드라마만 공략하지 않고 여러 드라마를 다루어 유행에 따른 다양한 표현을 고루 익힐 수 있게 했습니다. 이 교재에는 2012년에서 2019년에 사이에 방영되어 한류라고 불릴 만한 붐을 일으킨 드라마 다섯 편을 실었습니다.

목차 Contents

드라마 장면은 어떻게 보나요? How to watch

- https://www.youtube.com/watch?v=rYmM-IiO5to
  유튜브 검색어 YouTube search words: 천송이의 마음을 듣는 도민준의 귀
- Netflix: *You Who Came From the Stars*, Episode 1, 26:00-30:52.
  If the YouTube clip via the QR code is unavailable in your location, please use Netflix or other means.

1과

〈별에서 온 그대〉

방영: SBS(2013. 12. 18~2014. 2. 27, 21부작)

Chapter 1

You Who Came From the Stars

21 episodes, aired on SBS from December 18, 2013, to February 27, 2014

You Who Came From the Stars depicts the fateful and quirky romance between Do Min-joon (played by Kim Soo-hyun), an extraterrestrial who fell to Earth approximately 400 years ago, and Cheon Song-yi (played by Jun Ji-hyun), a popular Hallyu actor. A record of an unidentified flying object witnessed in Gangwon-do on September 22, 1609, is purportedly what inspired the narrative.

The story begins some 400 years ago with the male protagonist, Do Min-joon, arriving in Joseon Dynasty-era Korea and unexpectedly saving a girl from an accident. But as if in return, the girl eventually dies while trying to save Do Min-joon's life. Centuries later, Do Min-joon, now a university professor, encounters Cheon Song-yi, a top-tier Hallyu star at the apex of her acting career. He initially thinks of her as his snippy neighbor who also happens to be a student enrolled in the class he teaches, but in time, he begins to see in her the girl who saved him 400 years ago. The two start out antagonistic but eventually recognize that they are destined to fall in love.

With charming characters and an excellently told story, this show successfully allured both Korean and overseas viewers and became exceptionally popular in China. It is said that a special camera was used to show Do Min-joon's superpowers, such as teleportation.

In the scenes we will look at in this chapter, Cheon Song-yi is singing loudly in the middle of the night, and Do Min-joon, who just moved in next door, confronts her as he is unable to sleep due to the noise.

이 드라마는 약 400년 전 지구에 떨어진 외계인 도민준(김수현)과 한류 톱스타 천송이(전지현)의 달콤 발랄 로맨스를 그린 드라마입니다. 드라마가 방영된 시점으로부터 400여 년 전인 1609년 9월 22일에 미확인비행물체가 강원도에서 목격된 기록을 바탕으로 쓴 것입니다.

400년 전쯤에 주인공 도민준은 조선 땅에 내려왔다가 교통사고를 당할 뻔한 한 소녀를 우연히 구해 줍니다. 그런데 마치 보답이라도 하듯이 그 소녀는 나중에 도민준을 구해 주다가 결국 죽음에 이릅니다. 그로부터 400년이 지난 어느 날, 도민준은 한류 최고 톱스타 천송이와 만나게 됩니다. 처음에는 성격 까칠한 이웃이자 자신의 수업을 듣는 학생이라고만 생각했는데 시간이 지날수록 도민준은 천송이 얼굴에서 400년 전 자신을 구해 준 소녀를 발견하게 됩니다. 두 사람은 처음에는 티격태격 싸우지만 점차 서로를 알아보고 사랑에 빠져듭니다.

이 드라마는 훌륭한 스토리텔링과 매력적인 캐릭터를 내세워 국내는 물론 해외 시청자들까지 사로잡는 데 성공했으며 중국에서 특히 인기를 끌었습니다. 순간이동과 같은 도민준이 구사하는 초능력을 구현하기 위해 특수 카메라를 사용하기도 했답니다.

오늘 배울 영상은, 옆집으로 이사 온 도민준이 천송이가 한밤중에 부르는 노랫소리에 잠을 이루지 못하다 찾아가서 시비를 거는 장면입니다.

Scene 1

Cheon Song-yi: (*Sings*) Don't condemn me as a cruel woman. Hate me instead. Stop displaying your lingering feelings. Ha! Don't you ever come looking for me again, because I will only hurt you! Ha! Don't condemn . . .

Do Min-joon: You are cruel indeed.

Cheon Song-yi: . . . me as a cruel woman.

Do Min-joon: I do need to condemn you.

Cheon Song-yi: Forever!

1. 드라마 보기 Watch the Scenes

AI Reader

장면 1

천송이: 잔인한 여자라 나를 욕하지는 마, 차라리 나를 미워해, 이제 그만 내게 미련을 보이지 마, 하! 두 번 다시 넌 나를 찾지 마. 나로 인해 아파할 테니까. 하! 잔인한 여자라…….

도민준: 니가 더 잔인하다.

천송이: 나를 욕하지는 마.

도민준: 욕을 해야겠는데…….

천송이: 영원히…….

Scene 2

Cheon Song-yi: Can I help you?

Do Min-joon: I was wondering if you knew what time it is.

Cheon Song-yi: Now? What time it is? A little past 10, I think?

Do Min-joon: It's common sense not to sing this late at night, even if you are a good singer.

Cheon Song-yi: You heard? Darn, I only moved into this building because it was supposed to be soundproof. Well, I'm sorry.

Do Min-joon: And when you're a bad singer, it's not even singing—rather, it's causing a disturbance.

Cheon Song-yi: Excuse me?

Do Min-joon: Neighborhood disturbance is a serious crime. If reported, one can be punished.

Cheon Song-yi: Are you saying you're going to report me? For a bit of singing? Between neighbors?

Do Min-joon: What I'm saying is that anyone with common sense . . .

Cheon Song-yi: So you're saying I don't have common sense!

Do Min-joon: No, I'm saying . . .

Cheon Song-yi: You're saying I have no common sense or clue. You're calling me thoughtless, brainless, Botox—like, "Have you had Botox injected to your brain, it's so wrinkle-free"—that's what you're saying! I only had an apple and half a cabbage today because of my diet and I'm still full because I took so much

장면 2

천송이: 무슨 일이세요?

도민준: 지금 시간이 몇 신 줄 아나 해서…….

천송이: 지금요? 몇 시지? 열 시 좀 넘었나?

도민준: 이런 야심한 시간엔 잘하는 노래도 안 하는 게 상식이죠.

천송이: 들렸어요? 아, 나 이 건물 방음 잘됐다 그래서 이사 온 건데……. 아무튼 미안해요.

도민준: 심지어 굉장히 못하는 노래일 때는 노래를 한다기보단 소란을 피운다고 봐야지.

천송이: 네?

도민준: 인근 소란은 엄연한 범죄입니다. 신고하면 처벌도 가능하구요.

천송이: 그래서 지금 저를 신고하시겠다는 거예요? 노래 좀 했다고? 이웃지간에?

도민준: 제 말은 신고하겠다는 게 아니라 상식적으로…….

천송이: 그러니까 지금 내가 상식이 없다 이거잖아요!

도민준: 그게 아니라…….

천송이: 그러니까 내가 상식도 없고 개념도 없다 이거잖아요. 지금! 무개념, 무뇌, 보톡스…… 니 뇌는 보톡스를 맞았냐, 주름도 없을 거다, 뭐 그 얘기잖아요. 지금! 나 오늘 다이어트하느라 하루 종일 사과

criticism from people. And I never thought I would have to take more of this late at night just because I sang a bit. Why can't I just sing a bit? I've taken all this crap from people all day, so where can I relieve my stress? One apple and half a cabbage, all day! Never mind. You don't have to apologize. I don't feel like talking to you anymore.

 # Scene 3

Cheon Song-yi: What did I do so terribly wrong? Are they any better? Are they that knowledgeable? They say I'm the prettiest, I'm the best. Then they chew me up like gum . . . those fickle people.

한 개랑 양배추 반쪽밖에 못 먹었는데도 배가 불러요. 사람들한테 욕을 배 터지게 먹어서……. 그런데도 제가 이 오밤중에 욕을 얻어먹을 줄은…… 진짜 몰랐네요. 그것도 노래 좀 했다고……. 나 노래 좀 하면 안 돼요? 하루 종일 사람들한테 욕을 그렇게 먹었는데, 그럼 난 스트레스 어디서 풀어? 하루 종일 사과 한 개 양배추 반……. 됐어요. 사과 안 해도 돼요. 더 이상 그쪽하고 얘기할 기분이 아니네요.

 # 장면 3

천송이: 내가 뭘 그렇게 잘못했냐고? 지들은 그렇게 잘 알아? 그렇게 유식해? 내가 젤 이쁘다고 내가 젤 좋다고 그러더니. 그렇게 껌 씹듯 씹고……. 아, 정말 지조도 없는 것들.

2. 단어 & 표현 익히기 Vocabulary and Expressions

잔인하다: 인정이 없고 아주 모질다	Lacking compassion; harsh
미련: 깨끗하게 잊지 못하고 끌리는 데가 남아 있다	Lingering feelings that prevent people from moving on
야심하다: 밤이 깊다	Deep into the night
상식: 사람들이 보통 알고 있거나 알아야 하는 지식	Common knowledge
방음: 안의 소리가 새어 나가거나 밖의 소리가 들어오지 못하도록 막는 것	Blocking sound from exiting or entering
인근: 가까운 곳	Nearby
엄연하다: 부인할 수 없을 만큼 뚜렷하다	Undeniably clear
처벌: 벌을 주는 것	Punishment
유식하다: 아는 것이 많다 ↔ 무식하다	Knowledgeable ↔ ignorant
씹다: 다른 사람의 행동이나 말을 비난하다	Criticizing other people's words or behavior
지조: 자신의 신념을 굽히지 않고 끝까지 지켜 나가는 꿋꿋한 의지	Upholding one's honor

외래어 Loanwords

보톡스 Botox: 근육 수축 주사제, 미용으로 많이 쓰임.

Injections that cause muscle contraction, often used for cosmetic purposes

비속어 Colloquial Terms

니: '네'를 구어적으로 이르는 말. Colloquial form of "you" or "your"

무뇌: '뇌가 없다'는 뜻으로, '생각 없음'을 일컫는 말.

Literally "brainless," used to mean "thoughtless"

준말 Abbreviations

젤: 제일 Abbreviated form of "most"

표현 Expressions

소란을 피우다: 시끄럽고 어수선하게 하다. Raising a ruckus

개념이 없다: 행동이나 생각이 이치에 맞지 않거나 상식에 어긋나다.

Acting or thinking in an indiscreet or illogical way

(욕을) 배 터지게 먹다: (욕을) 실컷 먹다. Cursed or chewed out a great deal

껌 씹듯 씹다: 다른 사람을 쉽게 비난하고 흉을 보다.

Readily criticizing and badmouthing others

Fill in the blanks with the appropriate word from the list below (conjugate if necessary).

① Those cruel words scarred him.

② What are you doing up this late at night?

③ I feel relieved after spending all night criticizing the superior who harasses me at work.

④ What he did as a teacher was far outside the boundary of common sense.

⑤ If you're drunk, don't make a scene here, go home.

⑥ These days, there are so many people who senselessly run businesses, using spoiled ingredients and so on.

⑦ I'm going to study hard and become a knowledgeable person.

연습 문제 Exercises

빈칸에 알맞은 단어를 넣어 보세요.(필요 시 활용형으로 바꾸세요.)

개념 없다	상식	야심하다	씹다
유식하다	잔인하다	소란을 피우다	

① 그 (   ) 말은 그에게 상처가 되었다.

② (   ) 밤까지 자지 않고 무엇을 하는 거야?

③ 괴롭히는 직상 상사를 밤새 (   )더니 속이 후련하네.

④ 선생님으로서 그가 한 행동은 (   ) 밖의 것이었다.

⑤ 술 마시고 여기서 (   ) 말고 빨리 집으로 들어가렴.

⑥ 요즘은 상한 음식 재료를 쓰는 등 (   ) 장사하는 사람들이 너무 많다.

⑦ 공부를 열심히 해서 (   ) 사람이 되어야지.

정답: ① 잔인한 ② 야심한 ③ 씹었 ④ 상식 ⑤ 소란을 피우지 ⑥ 개념 없이 ⑦ 유식한

1) The expression "-나 해서" is used when checking to see if someone knows something or to state that what follows the expression is "in case of" what precedes it.
In the script, Do Min-joon says: "지금 시간이 몇 신 줄 아나 해서 . . ."

Examples

① I'm letting you know just in case you forgot tomorrow's schedule.
② I called to see if you haven't had dinner yet and if you wanted to eat together.

Exercises

① 가: Why did you call?
나: I called to see if you have free time today.
② 가: Why did you bring a blanket?
나: I brought it in case it's cold.

3. 문법 익히기 Form Sentences

1) ~나 해서: 상대가 어떤 사실을 알고 있는지 확인하거나, 상대의 상황을 추론할 때 씁니다.

대본에서는: 도민준 "지금 시간이 몇 신 줄 아**나 해서**……."

예시

① 혹시 내일 스케줄을 까먹었**나 해서** 알려 준 거야.

② 혹시 저녁을 안 먹었 **나 해서** 같이 먹으려고 연락한 거야.

연습해 보기

① 가: 왜 전화했어?

나: (   )나 해서 전화한 거야.

② 가: 담요는 왜 갖고 온 거야?

나: (   )나 해서 갖고 온 거야.

정답 예시: ① 오늘 시간 있 ② 혹시 춥

2) The expression "-다 그래서" is used to quote what you heard from a third party and relay the information.
In the script, Cheon Song-yi says: "들렸어요? 아, 나 이 건물 방음 잘됐다 그래서 이사 온 건데 . . . 아무튼 미안해요."

Examples

① I came here because I heard the food is good, but it's not as good as I thought.
② I saw the movie because I heard it was good, but it's not that good.

Exercises

① I came out because I heard the weather was nice, but it's colder than I thought.
② I studied hard because I heard the test is difficult, but it was easier than I thought.
③ I came because I heard it was on sale, but it's not that cheap.

2) ~다 그래서: 제3자에게 들은 정보를 인용해서 전달할 때 씁니다.

대본에서는: 천송이 "들렸어요? 아, 나 이 건물 방음 잘됐**다 그래서** 이사 온 건데……. 아무튼 미안해요."

예시

① 여기 음식 맛있**다 그래서** 왔는데, 생각보다 별로네요.

② 영화가 재밌**다 그래서** 봤는데, 그렇게 재밌지는 않군요.

연습해 보기

① 날씨가 좋다 그래서 나왔는데 (   )

② 시험이 어렵다 그래서 열심히 했는데 (   )

③ (   ), 그렇게 싸지는 않네요.

정답 예시: ① 생각보다 춥네요. ② 생각보다 쉽네요. ③ 세일한다 그래서 왔는데

3) The expression "-듯" is used to liken the action or state that precedes the expression to that which follows it.
In the script, Cheon Song-yi says: "내가 젤 이쁘다고 내가 젤 좋다고 그러더니, 그렇게 껌 씹듯 씹고 . . . 아, 정말 지조도 없는 것들."

Examples

① Yeong-hui came into the classroom as if she were dancing.
② She recited the poem as if she were singing.

Exercises

① He lied as frequently as he ate.
② Sweat poured down like rain.
③ The child gulped down the food as quickly as a crab would hide its eyes.

3) ~듯: 앞의 동작이나 상태가 뒤의 것과 같거나 그렇게 보일 때 씁니다.

대본에서는: 천송이 "내가 젤 이쁘다고 내가 젤 좋다고 그러더니, 그렇게 껌 씹듯 씹고……. 아, 정말 지조도 없는 것들."

예시

① 영희는 춤추**듯** 교실로 들어왔다.

② 그녀는 노래하**듯** 시를 읊었다.

연습해보기

① 그는 (   ) 거짓말을 했다.

② 땀이 (   ) 흘렸다.

③ 아이는 게 눈 감추듯 (   ).

정답 예시: ① 밥 먹듯 ② 비 오듯 ③ 밥을 먹었다

1) Why did Cheon Song-yi sing loudly at home in the middle of the night?

① Because she is a singer

② Because she was mad at Do Min-joon

③ Because she was criticized by her fans

④ Because she really wanted to sing

2) Why was Do Min-joon able to hear Cheon Song-yi sing?

① Because the building wasn't properly soundproofed

② Because he likes the song

③ Because he is curious about Cheon Song-yi

④ Because he is an alien

* 외계인: an alien; an extraterrestrial being

3) Find the word that does not belong.

① Alien ② *Dokkaebi* ③ Ghost ④ Human

* 도깨비: a Korean goblin or a ghost that can take the form of an animal or human

4) What does it mean for someone to "have Botox injected to his/her brain?"

① That he/she is smart ② That he/she is inconsiderate

③ That he/she is creative ④ That he/she is thoughtless

4. 읽고 답하기 Read and Respond

1) 천송이는 왜 야밤에 집에서 큰 소리로 노래를 불렀습니까?

① 직업이 가수여서 ② 도민준한테 화가 나서

③ 팬들한테 욕을 먹어서 ④ 노래가 너무 하고 싶어서

2) 도민준의 귀에는 왜 노래가 들렸을까요? 이유를 고르세요.

① 방음이 잘 안 돼서 ② 노래를 좋아해서

③ 천송이한테 관심이 많아서 ④ 도민준이 외계인이어서

* 외계인: 지구 이외의 천체에 존재한다고 생각되는 생명체

3) 다른 종류의 것을 하나 고르세요.

① 외계인 ② 도깨비 ③ 귀신 ④ 사람

* 도깨비: 동물이나 사람의 형상을 한 귀신

4) "뇌에 보톡스를 맞다"는 것은 무슨 뜻일까요?

① 머리가 좋다. ② 배려가 없다.

③ 창의력이 있다. ④ 생각이 없다.

5) Find the expression in which the verb "먹다" is used differently than the other examples.

① To eat an excessive amount of rice

② To eat an excessive amount of cake

③ To eat an excessive amount of meat

④ To take an excessive amount of criticism

5) '먹다'의 의미가 다른 하나를 고르세요.

① 밥을 배 터지게 먹다. ② 케이크를 배 터지게 먹다.

③ 고기를 배 터지게 먹다. ④ 욕을 배 터지게 먹다.

정답: 1) ③ 2) ④ 3) ④ 4) ④ 5) ④

5. 드라마 다시 보기 Watch the Scenes Again

영상을 다시 보면서 빈칸을 채워 보세요. 친구들과 역할을 나누어 읽어 보세요.

Fill in the blanks as you watch the scenes again. With a friend, choose characters and take turns reading the script out loud.

 # 장면 2

천송이: 무슨 일이세요?

도민준: 지금 시간이 몇 신 줄 아나 해서…….

천송이: 지금요? 몇 시지? 열두 시 좀 넘었나?

도민준: 이런 (   )한 시간엔 잘하는 노래도 안 하는 게 (   )이죠.

천송이: 들렸어요? 아, 나 이 건물 (   ) 잘됐다 그래서 이사 온 건데……. 아무튼 미안해요.

도민준: 심지어 굉장히 못하는 노래일 때는 노래를 한다기보단 (   )고 봐야지.

천송이: 네?

도민준: 인근 소란은 (   )입니다. 신고하면 (   )도 가능하구요.

천송이: 그래서 지금 저를 신고하시겠다는 거예요? 노래 좀 했다고? 이웃 지간에?

도민준: 제 말은 신고하겠다는 게 아니라 (   )…….

천송이: 그러니까 지금 내가 상식이 없다 이거잖아요!

도민준: 그게 아니라…….

천송이: 그러니까 내가 상식도 없고 (   )도 없다 이거잖아요. 지금! 무개념, 무뇌, 보톡스……. 니 뇌는 보톡스를 맞았냐, 주름도 없을 거다, 뭐 그 애기잖아요. 지금! 나 오늘 다이어트하느라 하루 종일 사과 한 개랑 양배추 반쪽밖에 못 먹었는데도 배가 불러요. 사람들한테 (   ) 먹어서……. 그런데도 제가 이 (   )에 욕을 얻어먹을 줄은…… 진짜 몰랐네요. 그것도 노래 좀 했다고……. 나 노래 좀 하면 안 돼요? 하루 종일 사람들한테 욕을 그렇게 먹었는데, 그럼 난 스트레스 어디서 풀어? 하루 종일 사과 한 개 양배추 반……. 됐어요. 사과 안 해도 돼요. 더 이상 그쪽하고 얘기할 기분이 아니네요.

장면 3

천송이: 내가 뭘 그렇게 잘못했냐고? 지들은 그렇게 잘 알아? 그렇게 (   )해? 내가 젤 이쁘다고 내가 젤 좋다고 그러더니. 그렇게 (   ) 씹고……. 아, 정말 (   )도 없는 것들.

Do Aliens Exist?

Do you believe that aliens exist? Aliens are called *oegyein* (외계인) in Korean, *wai xing ren* (外星人) in Chinese, and *hoshibito* (星人) or *uchibito* (宇宙人) in Japanese. In technical English terms, they can be called "extraterrestrials" or "E.T."

To know whether or not aliens exist, we must first understand space. Space is an unimaginably vast area occupied by almost 100 billion galaxies, each made up of myriads of stars. With such an expanse, it is surely possible that forms of life other than us exist. But according to scientists, a number of conditions must be met for life to exist on a planet in space:

1) The planet must not be too close to or too far from the center of its galaxy.
2) There must be no supernova or black hole near the planet.
3) There must be a star that serves as a constant source of light.
4) The planet must be an adequate distance from the star.

외계인은 정말 존재할까요?

여러분은 외계인이 있다고 생각하나요? 외계인은 영어로는 "alien"이라 부르고, 중국어로는 "와이싱런外星人", 일본어로는 "세이진星人", "우주진宇宙人"이라고 부릅니다. 전문용어로는 "Extraterrestrial life"라고도 하는데, 이를 줄이면 "E.T."가 됩니다.

외계인이 존재하는지 알려면 우선 우주에 대해서 알아야 합니다. 우주는 우리가 상상할 수조차 없이 어마어마하게 큰 공간입니다. 우주에는 1,000억 개에 가까운 은하가 있고, 각각의 은하 안에는 수백억, 수천억 개의 별들이 있습니다. 이렇게 크니 우주에 우리 말고 다른 생명체가 존재할 가능성은 당연히 존재하지요. 그런데 과학자들에 따르면 우주에 생명체가 존재하려면 다음과 같은 몇 가지 조건이 필요하다고 합니다.

1) 은하의 중심에서 너무 가까워도 안 되고 너무 멀어도 안 된다.

2) 주변에 초신성, 블랙홀이 있어서는 안 된다.

3) 오랜 시간 동안 빛날 수 있는 항성이 있어야 한다.

4) 항성에서 적절한 거리만큼 떨어져 있어야 한다.

5) The planet must have a large satellite like the Moon.
6) The planet must rotate at an adequate speed.
7) The planet must have a strong magnetic field.

Now, those are some difficult conditions to meet! Even on Earth, blessed with favorable conditions, it took humanity 4.5 billion years to achieve civilization. So, while there is a chance that other human-like forms of life exist in outer space, the chance of them living in a society that would be deemed "civilized" by our standards must be slim. However scientifically unconfirmed, we are entitled to literary imaginations of aliens, and *You Who Came From the Stars* is a product of such imagination. What other TV shows and movies deal with aliens? Let's take a moment to reflect on and talk about some of such titles.

5) 달과 같은 거대한 위성이 필요하다.

6) 자전 속도가 적절해야 한다.

7) 강력한 자기장이 필요하다.

엄청 까다로운 조건이지요? 아주 좋은 조건을 갖춘 지구에서도 인류가 문명을 이룩하기까지 45억 년이 걸렸답니다. 따라서 인간과 비슷한 생명이 존재할 확률이 존재하기는 하지만 쉽진 않겠지요? 과학적으로는 비록 증명하지 못했지만, 문학적으로 우리는 외계인에 대해 충분히 상상할 수 있습니다. 이 드라마도 이런 상상을 바탕으로 나온 것이랍니다. 외계인에 대한 드라마나 영화는 또 어떤 것이 있을까요? 한번 생각해 보고 얘기해 봅시다.

드라마 장면은 어떻게 보나요? How to watch

- https://www.youtube.com/watch?v=0mVLtGVDPo4
  유튜브 검색어 YouTube search words: 태양의 후예, 나 여기 아픈데 치료해 줘요
- *Descendants of the Sun*, Episode 1, 42:30-45:27
  If the YouTube clip via the QR code is unavailable in your location,
  please use Netflix or other means.

2과

〈태양의 후예〉

방영: KBS2(2016. 2. 24~ 2016. 4. 14, 16부작)

Chapter 2

Descendants of the Sun

16 episodes, aired on KBS2 from February 24 to April 14, 2016

Descendants of the Sun features protagonists Kang Mo-yeon (played by Song Hye-kyo) and Yoo Si-jin (played by Song Joong-ki) as well as other young doctors and soldiers who strive to achieve love as well as peace in a foreign land.

Kang Mo-yeon, a young doctor, goes to the fictional country of Uruk to provide medical services and meets Yoo Si-jin, captain of the peacekeeping force that, in order to protect civilians, fights against a local gang armed with biochemical weapons. Amidst diseases and disasters, the two demonstrate humanism through heroic sacrifice.

Nowadays, many believe that money is the gateway to achieving one's dreams and that happiness comes from success. Many also don't mind trampling over or hurting others in order to get ahead in today's dog-eat-dog society. The world is rampant with those who prey on the weak and kneel before the strong while humane virtues and values are often easily dismissed. But it is also because the world is how it is that we dream up heroes who will willingly sacrifice themselves for others. Through this show, we can encounter the true heroism many of us were taught about as children that has gradually grown faint in our hearts.

Descendants of the Sun played a huge role in reviving Korea's public TV drama sector. A BBC cover story even predicted that it would mark the pinnacle of Hallyu. In the scenes we will look at in this chapter, Yoo Si-jin is enchanted by Kang Mo-yeon's beauty and decides to make his move while she treats his wound.

<태양의 후예>는 주인공 강모연(송혜교)과 유시진(송중기)을 비롯한 젊은 의사와 군인들이 낯선 땅에서 사랑과 성공을 쟁취하는 과정을 그린 드라마입니다.

의사인 강모연은 우르크로 의료 봉사를 떠났다가 그곳에서 유시진을 만납니다. 유시진은 평화유지군 대위로서 생화학무기를 이용하려는 지역 갱단과 맞서 싸우며 우르크 사람들을 지킵니다. 이들은 온갖 전염병과 각종 재난 속에서 영웅적인 희생으로 휴머니즘을 실천합니다.

요즘에는 "꿈은 돈으로 통하고, 행복은 성공 순"이라고 생각하는 사람들이 많습니다. 현실에서 살아남기 위해 다른 사람을 짓밟고 상처 주는 것을 개의치 않는 이들도 많습니다. 강한 자에게는 약하고 약한 자에게는 강한 이들이 넘쳐나는 세상입니다. 인간이 마땅히 지켜야 할 미덕과 가치들이 쉽게 외면당하기도 합니다. 이런 세상이기에 우리는 타인을 위해 자신을 희생할 수 있는 영웅을 꿈꿉니다. 어렸을 때 이미 다 배워 알지만, 점점 잊혀 간 우리 마음속 진짜 영웅, 그 영웅을 우리는 이 드라마를 통해 만나볼 수 있습니다.

이 드라마는 침체기에 빠져 있던 지상파 드라마를 다시 일으켜 세우는 역할을 했습니다. 영국 BBC는 메인 기사에서 "<태양의 후예>가 한류의 정점을 찍을 것"이라 예상하기도 했습니다.

오늘 배울 영상은, 부상을 입은 유시진이 강모연에게 치료를 받으면서 그녀의 미모에 반하여 호감을 표시하는 장면입니다.

Scene 1

Kang Mo-yeon: The situation checked out. I'm sorry for the misunderstanding.

Yoo Si-jin: If you're sorry, can you take a look at my wound? It really hurts.

Kang Mo-yeon: Where is it?

Yoo Si-jin: Mmm, here. Ouch!

Kang Mo-yeon: Here? It seems you're exaggerating.

Yoo Si-jin: Ow! I'm not exaggerating, argh!

Kang Mo-yeon: (*Gasps*) Oh my gosh!

1. 드라마 보기 Watch the Scenes

AI Reader

 # 장면 1

강모연: 상황은 확인됐네요. 오해한 건 미안해요.

유시진: 오해한 거 미안하면 나 진짜 아픈 데 있는데 치료해 주면 안 됩니까?

강모연: 어디가 아픈데요?

유시진: 음, 여기요, 아~

강모연: 여기요? 엄살이 심하시네요.

유시진: 아~ 나 엄살 아닌데, 아~

강모연: 아! 어머.

Scene 2

Kang Mo-yeon: It seems the stitches tore open during the fight earlier. When is this injury from?

Yoo Si-jin: Hmm . . . A few weeks ago?

Kang Mo-yeon: How did you get hurt?

Yoo Si-jin: Shoveling at the base. A dutiful soldier should know how to shovel.

Kang Mo-yeon: Is that right? At what kind of strange military base do you get shot while shoveling? This is a gunshot wound.

Yoo Si-jin: You've seen a gunshot wound before?

Kang Mo-yeon: Not in Korea, but I saw one when I went to volunteer in Africa, so I recognize it.

Yoo Si-jin: Since you recognize it, this one is actually from Normandy. Bullets were pouring like rain, and I dashed through those bullets to save a comrade.

Kang Mo-yeon: Is the name of that comrade Private Ryan by any chance? You're all stitched up. The thread can be removed in a week, but you'll need to get it disinfected regularly until then. There's a hospital in the base, right?

Yoo Si-jin: Can I come here?

Kang Mo-yeon: Isn't it far?

Yoo Si-jin: It is. Can I come every day?

장면 2

강모연: 아까 싸우다가 꿰맨 곳이 벌어진 것 같네요. 언제 다쳤어요?

유시진: 음~ 몇 주 됐죠?

강모연: 어쩌다 다친 거예요?

유시진: 부대에서 삽질하다가. 군인은 모름지기 삽질이죠.

강모연: 음, 그래요? 이상한 부대네요. 삽질하다 총도 맞고. 이건 총상이잖아요.

유시진: 총상 보신 적 있습니까?

강모연: 한국에서야 볼 일 없지만 아프리카 봉사 갔을 때 봐서 알아요.

유시진: 아신다니까 하는 얘긴데, 사실 이거 노르망디에서 난 상처입니다. 아, 그때 진짜 총알이 비처럼 쏟아지는데 그 총알을 뚫고 전우를 구하러 갔죠, 제가.

강모연: 혹시 그 전우 이름이 라이언 일병인가요? 봉합 다 됐어요. 일주일이 지나야 실밥 뽑을 수 있는데 그때까진 계속 소독받으셔야 해요. 군대에도 병원 있죠?

유시진: 여기로 와도 됩니까?

강모연: 여기 안 멀어요?

유시진: 멀어요. 매일 와도 됩니까?

Kang Mo-yeon: Every day is overdoing it. Three times a week? Four times a week, maybe, for a faster recovery.

Yoo Si-jin: So, you'll be my primary care doctor?

Kang Mo-yeon: Does it matter who your primary care doctor is when it's just wound disinfection?

Yoo Si-jin: Of course it matters. Especially the doctor's beautiful face.

Kang Mo-yeon: Well, if beauty is the criterion for your choice, then there is no better option. You have an appointment at 2 p.m.

Yoo Si-jin: Since you're a doctor, you must be too busy to have a boyfriend.

Kang Mo-yeon: Since you're a soldier, it must be too grueling to have a girlfriend.

Yoo Si-jin: I wonder which one of us is going to answer.

강모연: 매일은 오버고 주 3회? 주 4회 오시면 빨리 나을 수도 있구요.

유시진: 제 주치의 해 주시는 겁니까?

강모연: 상처 소독하는 데 주치의가 중요해요?

유시진: 중요하죠. 특히 주치의의 미모.

강모연: 주치의의 선택 기준이 미모라면 더 나은 선택은 없어요. 예약해 놓을게요. 2시에 오세요.

유시진: 의사면 남친 없겠네요, 바빠서.

강모연: 군인이면 여친 없겠네요, 빡세서.

유시진: 대답은 누가 하나?

2. 단어 & 표현 익히기 Vocabulary and Expressions

상황: 일이 되어 가는 과정이나 형편	Circumstances or a situation's development
확인하다: 틀림없이 그러한지를 알아보다	To check to make sure
오해하다: 잘못 해석하거나 알다	To misunderstand
엄살: 아픔이나 괴로움을 거짓으로 꾸미거나 실제보다 더 크게 나타내는 것	Feigned or exaggerated pain or hardship; a fuss over nothing
벌어지다: 어떤 일이 일어나거나 진행되다	To transpire
다치다: 부딪치거나 하여 상처가 생기다	To get wounded or injured
부대: 일정한 규모로 편성된 군대 조직	A military unit or base
삽질하다: 삽으로 땅을 파거나 흙을 떠내다	To dig or shovel with a spade
모름지기: 마땅히, 반드시	Should necessarily
총상: 총에 맞은 상처	A gunshot wound
봉사하다: 국가나 사회 또는 남을 위해 자신을 돌보지 않고 힘을 바치다	To serve selflessly for one's country, society, or others
총알: 총을 쏠 때 총구멍에서 나와 목표물을 맞히는 물건	A bullet

뚫다: ① 구멍을 내다 ② 장애물을 헤치거나 어려움을 극복하다	① To pierce through ② To overcome an obstacle or hardship
전우: 전투를 함께 하는 동료	A comrade
일병: 일등병(사병 계급)	Private first class (military rank)
봉합하다: 수술을 하려고 절단한 자리나 갈라진 자리를 꿰매다	To suture
실밥: 꿰맨 실이 밖으로 드러난 부분	A loose thread or visible stitches on a seam
주치의: 어떤 사람의 병을 맡아서 치료하는 의사	A primary care doctor
소독하다:병의 감염이나 전염을 예방하기 위해 병원균을 죽이다	To sterilize or disinfect
미모: 아름다운 얼굴 모습	Aesthetically pleasing facial features
기준: 기본이 되는 표준	A standard or criterion

외래어 Loanwords

노르망디: Normandy. 프랑스 서북부에 있는 지방.

Northwestern region of France

오버하다: over+하다. 정도를 넘어서 지나치게 행동하다.

Going overboard; going over the top

준말 Abbreviations

남친: 남자 친구의 준말. Abbreviated form of "boyfriend"

여친: 여자 친구의 준말. Abbreviated form of "girlfriend"

비속어 Colloquial terms

빡세다: 하는 일이 고되고 힘들다. Grueling; extremely tiring and difficult

Fill in the blanks with the appropriate word from the list below (conjugate if necessary).

1) Are you really going to make such a big fuss over a mere cold?
2) I couldn't take my eyes off of that woman because her facial features were so glorious.
3) Let's revisit this matter after watching how the situation develops.
4) I think you could easily make it into a college in Seoul if you lower your standards a little.
5) He actively engaged in volunteering, visiting an orphanage every weekend to play with the children.
6) I'm not trying to hurt you, so don't take my words the wrong way.
7) After a surgery, you must disinfect the surgical site properly to prevent infection.
8) A dutiful child should be good to his/her parents.

연습 문제 Exercises

빈칸에 알맞은 단어를 넣어 보세요.(필요 시 활용형으로 바꾸세요.)

미모	기준	봉사	모름지기
소독	오해하다	상황	엄살

1) 그까짓 감기에 좀 걸렸다고 (   )을 그리 심하게 부린단 말이야?

2) 그 여자는 (   )가 너무 화려해서 눈을 뗄 수가 없었다.

3) 이 일은 (   )을 봐서 다시 결정하도록 합시다.

4) (   )을 좀 낮추면 서울에 있는 대학은 충분히 갈 수 있을 것이라고 봐.

5) 그는 주말마다 고아원에 가서 어린 아이들과 놀아주는 등 (   ) 활동을 열심히 했습니다.

6) 너한테 상처 주려는 것이 아니니, 내 말을 절대 (   )지 말고 들어.

7) 수술 후에는 (   )을 잘해야 상처가 덧나는 것을 방지할 수 있다.

8) 자식이라면 (   ) 부모한테 잘해야 한다.

정답: 1) 엄살 2) 미모 3) 상황 4) 기준 5) 봉사 6) 오해하 7) 소독 8) 모름지기

1) The expression "-은(-는) 적 있다" is used to ask if or state that one has ever experienced something.
In the script, Yoo Si-jin says: "총상 보신 적 있습니까?"

Examples

① Have you ever learned Japanese?
② Have you ever been to Jeju Island?

Exercises

① 가: Have you ever read *Harry Potter*?
나: No, I've only seen the movie.
② 가: Have you ever seen a celebrity?
나: Yes, I have once, when I went to a broadcasting station.

3. 문법 익히기 Form Sentences

1) ~은(~ㄴ) 적 있다: 어떤 일을 경험했는지 여부를 밝히거나 물을 때 씁니다.

대본에서는: 유시진 "총상 보신 적 있습니까?"

예시

① 일본어를 배**운 적 있**습니까?

② 제주도에 **간 적 있**습니까?

연습해 보기

① 가: 《해리 포터》를 (　　　　　) 있어요?

나: 아니요, 영화로만 봤어요.

② 가: 연예인 본 적 있어요?

나: (　　　　　　　　　　　　　　).

정답 예시: ① 읽은 적　② 네, 방송국에 갔을 때 한번 봤어요.

2) The expression "-다니까 하는 얘긴데" is used to acknowledge something someone has said and bring up a related issue.
In the script, Yoo Si-jin says: "아신**다니까 하는 얘긴데**, 사실 이거 노르망디에서 난 상처입니다."

Examples

① Since you say you like spicy food, the new △△ ramen is really good.
② Since you say you like to hike, be careful because mountain terrain can get slippery in the winter.

Exercises

① 가: These days, I've been working out every day to lose weight.
나: Since you say you work out often, make sure to consume enough protein in between workouts.
② 가: I like alcohol, so I tend to drink often.
나: Since you say you like to drink, there's a nice bar that just opened nearby.

2) ~다니까 하는 얘긴데: 상대의 정보를 알고, 그 바탕 위에 새로운 정보를 전달할 때 씁니다.

대본에서는: 유시진 "아신다니까 하는 얘긴데, 사실 이거 노르망디에서 난 상처입니다."

예시

① 매운 걸 좋아하신**다니까 하는 얘긴데** 이번에 새로 나온 △△라면이 무척 맛있습니다.

② 산에 잘 간**다니까 하는 얘긴데** 겨울 등산은 미끄러우니 꼭 조심하셔야 합니다.

연습해보기

① 가: 저 다이어트 때문에 요즘 날마다 운동을 하고 있어요.

나: 운동을 자주 (   ) 운동할 때는 단백질을 보충해야 합니다.

② 가: 저는 술을 좋아해서 자주 마시는 편이에요.

나: 술을 (   ) 근처에 새로 생긴 분위기 좋은 술집이 있어요.

정답 예시: ① 하신다니까 하는 얘긴데 ② 좋아하신다니까 하는 얘긴데

1) “삽질” means to dig or shovel with a spade. What other meaning does it have?

① Useless work ② Diligent work

③ Forced work ④ Unrecognized work

2) In the scene, Yoo Si-jin says, “Since you recognize it, this one is actually from Normandy. Bullets were pouring like rain, and I dashed through those bullets to save a comrade,” to which Kang Mo-yeon replies with the question, “Is the name of that comrade Private Ryan by any chance?”

Choose the statement that is true about this conversation.

① Yoo Si-jin has been to Normandy.

② Yoo Si-jin saved Private Ryan.

③ Yoo Si-jin and Kang Mo-yeon saw a movie together.

④ Yoo Si-jin and Kang Mo-yeon are bantering.

* The Battle of Normandy, or Operation Overlord, refers to the Allied Invasion of Normandy under the command of Dwight D. Eisenhower on June 6, 1944. The success of this operation liberated France from the Nazi German forces and shifted the course of World War II. This famous historical event served as the backdrop for movies such as *Saving Private Ryan* and *The Longest Day*.

4. 읽고 답하기 Read and Respond

1) '삽질'은 삽으로 땅을 파거나 흙을 떠내는 일입니다. 또 다른 뜻으로는 어떤 것이 있을까요?

① 헛된 일　② 부지런히 하는 일

③ 시켜서 어쩔 수 없이 하는 일　④ 남몰래 하는 일

2) 영상에서 유시진은 "아신다니까 하는 얘긴데, 사실 이거 노르망디에서 난 상처입니다. 아, 그때 진짜 총알이 비처럼 쏟아지는데 그 총알을 뚫고 전우를 구하러 갔죠. 제가."라고 했고 강모연은 "혹시 그 전우 이름이 라이언 일병인가요?"라고 물었습니다.

이 대화에 대해 맞는 것을 고르십시오.

① 유시진은 노르망디에 갔다 왔다.　② 유시진이 라이언 일병을 구했다.

③ 두 사람은 같이 영화를 봤다.　④ 두 사람은 농담을 주고받고 있다.

* 노르망디 작전은 '1944년 6월 6일, 아이젠하워 장군의 지휘 아래 연합군이 노르망디에 상륙한 작전'을 말합니다. 이 작전의 성공으로 프랑스가 나치 독일군으로부터 해방되었으며, 제2차 세계대전 판도에도 결정적인 영향을 미쳤습니다. 이 사건을 바탕으로 〈라이언 일병 구하기(Saving private ryan)〉, 〈지상 최대의 작전(The Longest Day)〉 등 여러 영화들이 만들어졌을 만큼 역사적으로 유명한 사건입니다.

3) How did Yoo Si-jin get his gunshot wound? There is no explanation in the video, so refer to the introductory summary to infer the answer.

① While shoveling at the base

② While saving a comrade in Normandy

③ While volunteering in Africa

④ While fighting the local gang

* 갱단: A gang organized for criminal purposes

* 농담: A joke

4) Read the statements below and mark ○ if true and × if false.

① Kang Mo-yeon agreed to become Yoo Si-jin's primary care doctor.

② Yoo Si-jin's criterion for selecting his primary care doctor is aptitude.

③ Yoo Si-jin's stitches will be removed in a week.

④ Kang Mo-yeon does not have a boyfriend because she is too busy.

5) What can be inferred from the scenes? Choose all statements that are true.

① Yoo Si-jin likes Kang Mo-yeon.

② Kang Mo-yeon is also fond of Yoo Si-jin.

③ The two are friends.

④ The two will meet again in the future.

3) 유시진은 어쩌다가 총상을 입었을까요? 영상에 나오지는 않았지만 드라마 소개를 참고하여 답을 유추해 보세요.

① 부대에서 삽질하다가 ② 노르망디에서 전우를 구하다가

③ 아프리카에 봉사를 갔다가 ④ 지역 갱단과 맞서 싸우다가

* 갱단: 범죄를 목적으로 조직적으로 행동하는 폭력 조직 무리.
* 농담: 장난으로 하는 말.

4) 내용을 읽고 맞는 것은 ○, 틀린 것은 × 하십시오.

① 강모연은 유시진의 주치의가 되기로 했다. ( )

② 유시진이 주치의를 선택하는 기준은 실력이다. ( )

③ 유시진은 일주일 뒤면 실밥을 뽑는다. ( )

④ 강모연은 바빠서 남자 친구가 없다. ( )

5) 이 장면을 통해 우리는 무엇을 알 수 있을까요? 맞는 것을 모두 고르십시오.

① 유시진은 강모연을 좋아한다. ② 강모연도 유시진에게 관심이 있다.

③ 두 사람은 친구 사이이다. ④ 두 사람은 앞으로 또 볼 것이다.

정답: 1) ① 2) ④ 3) ④ 4) ① ○, ② ×, ③ ○, ④ ○ 5) ①, ②, ④

5. 드라마 다시 보기 Watch the Scenes Again

영상을 다시 보면서 빈칸을 채워 보세요. 친구들과 역할을 나누어 읽어 보세요.

Fill in the blanks as you watch the scenes again. With a friend, choose characters and take turns reading the script out loud.

 # 장면 2

강모연: 아까 싸우다가 꿰맨 곳이 벌어진 것 같네요. 언제 다쳤어요?

유시진: 음~ 몇 주 됐죠?

강모연: 어쩌다 다친 거예요?

유시진: 부대에서 (   )하다가. 군인은 모름지기 삽질이죠.

강모연: 음, 그래요? 이상한 부대네요. 삽질하다 총도 맞고. 이건 총상이잖아요.

유시진: 총상 (   ) 있습니까?

강모연: 한국에서야 볼 일 없지만 아프리카 (   ) 갔을 때 봐서 알아요.

유시진: 아신다니까 하는 얘긴데, 사실 이거 노르망디에서 난 (   )입니다. 아, 그때 진짜 총알이 (   ) 그 총알을 뚫고 전우를 구하러 갔죠, 제가.

강모연: 혹시 그 전우 이름이 라이언 일병인가요? (   ) 다 됐어요. 일

주일이 지나야 실밥 뽑을 수 있는데 그때까진 계속 소독받으셔야 해요. 군대에도 병원 있죠?

유시진: 여기로 와도 됩니까?

강모연: 여기 안 멀어요?

유시진: 멀어요. 매일 와도 됩니까?

강모연: 매일은 (   )고 주 3회? 주 4회 오시면 빨리 나을 수도 있구요.

유시진: 제 (   ) 해 주시는 겁니까?

강모연: 상처 (   )하는 데 주치의가 중요해요?

유시진: 중요하죠. 특히 주치의의 (   ).

강모연: 주치의의 선택 기준이 미모라면 더 나은 선택은 없어요. 예약해 놓을게요. 2시에 오세요.

유시진: 의사면 남친 없겠네요, 바빠서.

강모연: 군인이면 여친 없겠네요, (   ).

유시진: 대답은 누가 하나?

When you go to the hospital, you are bound to have a medical consultation with a doctor. Write a script of how you might expect this conversation to go.

Example

Doctor: What brings you in today?

Patient: I have had a severe pain in my stomach since last night.

Doctor: Did you eat anything out of the ordinary?

Patient: I drank milk that had passed its expiration date.

Doctor: Let's take a look . . . It seems you have acute enteritis. You will have to be admitted for a few days.

Patient: How do I get admitted?

Doctor: The nurse will guide you through the admission process.

6. 읽고 상황에 맞게 대화해 보기 Write a Script

병원에 가면 의사와 진료 상담을 하게 됩니다. 예시처럼 한번 대화를 작성해 보세요.

예시

의사: 어디가 아파서 오셨습니까?

환자: 어젯밤부터 배가 끊어질 듯 아파요.

의사: 뭐 잘못 드신 것 있습니까?

환자: 날짜가 지난 우유를 먹은 것 같아요.

의사: 검사부터 한번 해 보겠습니다. ……. 급성 장염인 것 같습니다. 며칠 입원하셔야 합니다.

환자: 입원은 어떻게 하나요?

의사: 네, 입원 수속은 간호사가 안내할 겁니다.

질병 관련 어휘 Ailment Vocabulary

예약	appointment	진단서	diagnosis
증상	symptom	두통	headache
복통	colic	위염	gastritis
장염	enteritis	치매	dementia
폐렴	pneumonia	뇌졸중	stroke
당뇨병	diabetes	심장병	heart disease
동맥경화	atherosclerosis	소화불량	indigestion

드라마 장면은 어떻게 보나요? How to watch

- https://www.youtube.com/watch?v=_9FuLVBVgNE
  유튜브 검색어 YouTube search words: 신탁커플의 티격태격
- Netflix: *Goblin (Dokkaebi)*, Episode 5, 51:54-56:43.
  If the YouTube clip via the QR code is unavailable in your location, please use Netflix or other means.

3과

〈쓸쓸하고 찬란하神—도깨비〉

방영: tvN(2016. 12. 2~2017. 1. 21, 16부작)

Chapter 3

Goblin (Dokkaebi)

16 episodes, aired on tvN from December 2, 2016, to January 21, 2017

Goblin (Dokkaebi) is a K-drama show inspired by supernatural creatures from Korean folktales called *dokkaebi*. What are *dokkaebi*? They are typically depicted as mischievous spirits that punish people with playful tricks or reward them with riches, so they aren't as menacing as most other ghosts. Folklorically, they are reminiscent of and intimate with humans and often appear as bestowers of wealth and magical tools.

Goblin (Dokkaebi) starts by introducing Kim Shin, a fantastical character who is allegedly a *dokkaebi*, and the *jeoseungsaja* (Korean grim reaper) who lives with him and has amnesia of his past life. The story unfolds as a girl appears and claims that she is the *dokkaebi*'s destined bride-to-be. The *dokkaebi*, who needs to find a human bride to end his tedious eternal life, finally finds a girl who has evaded a fateful death and claims that she is his bride—only to find himself falling for her. In a nutshell, it is the love story of a ghost and a human.

Gong Yoo, who played Kim Shin in this show, purportedly refused the part at first but changed his mind after five years (including his time in military service) of persistent persuasion from the script writer. In the scenes we will look at in this chapter, Kim Shin and Ji Eun-tak quarrel while hiding their feelings for each other, and Kim mistakenly confesses that he is the *dokkaebi* who has been waiting for a human bride.

〈쓸쓸하고 찬란하神 - 도깨비〉는 도깨비 설화를 모티브로 한 드라마입니다. 도깨비는 어떤 존재일까요? 도깨비는 일반적으로 '짓궂은 귀신'으로 여겨집니다. 그러나 다른 귀신들과 비교해 볼 때 심각하게 나쁜 짓을 저지르지는 않고, 유쾌한 장난을 치거나 풍요로운 보상을 해 주는 특징이 있습니다. 도깨비는 인간과 상당히 비슷하고 친밀하며, 여러 이야기들에서 인간에게 다양한 재물과 신비한 도구를 넘겨주는 역할을 하기도 합니다.

〈쓸쓸하고 찬란하神 - 도깨비〉는 도깨비라는 현실에는 없는 캐릭터와 그와 동거하는 기억상실증에 걸린 저승사자한테 '도깨비 신부'라 주장하는 한 소녀가 나타나면서 벌어지는 이야기입니다. 영원히 죽지 않는 삶을 끝내기 위해서 도깨비한테는 인간 신부가 필요한데, 자신을 그 신부라 생각한 '죽었어야 할 운명'의 소녀가 나타나서 사랑에 빠지는 내용입니다. 한마디로 인간과 귀신의 사랑 이야기라고 할 수 있지요.

극 중 김신 역을 맡은 공유는, 처음에는 이 드라마를 하지 않으려고 했답니다. 그러나 작가가 공유를 군 복무 기간 등 5년이나 기다려 주자 제대하고 나서는 끝내 출연하기로 마음먹었다고 합니다. 오늘 배울 영상은, 김신과 지은탁이 서로 좋아하는 마음을 숨기고 티격태격 싸우다가 김신이 실수로 자신이 도깨비 신부 남편임을 고백하는 장면입니다.

Scene 1

Ji Eun-tak: I'm back. Folding laundry? I'll help. I can tell you've always done this all by yourself.

Jeoseungsaja: Thanks for noticing.

Ji Eun-tak: I see that the towels in the bathroom were all your skillful work. No wonder they were in killer shape.

Jeoseungsaja: I would appreciate it if you'd refrain from using the expression "killer."

Ji Eun-tak: Oops, sorry . . . I really like the towels here. They feel fluffy, expensive, and thick. Ah, thanks.

1. 드라마 보기 Watch the Scenes

장면 1

지 은 탁: 다녀왔습니다. 빨래 개키세요? 저도 할게요. 맨날 혼자 하셨죠? 보아하니 그래요.

저승사자: 알아주니 고맙군.

지 은 탁: 화장실 수건이 전부 저승 아저씨 솜씨구나. 어쩐지 각이 죽이더라.

저승사자: 죽인다는 표현은 좀 자제해 주면 좋겠어.

지 은 탁: 아, 죄송……. 전 이 집 수건이 참 좋아요. 보송보송하고 고급지고 톡톡하니. 아, 감사합니다.

Kim Shin: Where should I hang this painting by representative 17th-century Dutch Golden Age painter Rembrandt van Rijn composed of a dramatic mix of light and dark and commonly known as *The Night Watch* but actually entitled *The Shooting Company of Frans Banning Cocq and Willem van Ruytenburch*?

Jeoseungsaja: I think I saw you wearing that scarf when you were nine. It's the same one, right?

Ji Eun-tak: Oh, yeah. It was my mom's. She thought the mole on my neck was the reason I kept seeing ghosts, so she would wrap this around my neck ever since I was little, thinking it would help, but it didn't help at all. I got so used to it that now it kind of feels like Mom, though.

Jeoseungsaja: Fix her up with five mil.

Kim Shin: What do you mean, confess what? [The *jeoseungsaja* told Kim Shin to lend Ji Eun-tak *obaek* as in *obaekman*—five million—won, which Kim mistook for *gobaek*—confession.] And what's with you and your heartrending stories? I'm scared to ask you anything.

Jeoseungsaja: What's with him?

Ji Eun-tak: I wasn't even talking to him.

Jeoseungsaja: He's flawed, personality-wise.

Ji Eun-tak: It must be hard for you. By the way, did you decide on a name?

김　　신: 17세기 네덜란드 황금시대 대표적인 화가 렘브란트 반 레인의 빛과 어둠을 극적으로 배합한 '야경'이라는 제목으로 더 알려졌지만, 으음~ 사실 〈프란스 반닝 코크와 빌럼 반 루이텐부르크의 민병대〉라고 불리는 이 그림을 어디에 걸면 좋을까?

저승사자: 나 그 목도리 너 아홉 살 때도 본 것 같은데 그 목도리 맞지?

지 은 탁: 어, 네~ 엄마 유품이에요. 엄마는 제가 귀신 보는 게 목에 있는 점 때문이라고 생각해서 이것만 가리면 귀신 못 보겠지 하고 되게 어릴 때부터 둘둘 둘러 주셨는데 아무 소용없었거든요. 근데 습관이 돼 가지고. 이제 이게 엄마 같고 그래요.

저승사자: 오백 해 줘.

김　　신: 자꾸 무슨 고백을 하래, 넌.(저승사자는 지은탁에게 돈 500만 원을 빌려주라는 뜻으로 '오백'을 해 주라고 한 것인데, 이를 김신이 '고백'으로 잘못 듣고 대답하는 것임) 야, 그리고 뭐 묻기만 하면 사연이…… 무서워서 묻겠냐.

저승사자: 얘, 왜 이래?

지 은 탁: 아저씨한테 대답한 거 아니잖아요.

저승사자: 되게 별로야, 성격이.

지 은 탁: 힘드셨겠어요. 근데 이름은 정하셨어요?

Kim Shin: Hey, high school senior, don't you have to study? Do your best and you just might fail to go to college.

Ji Eun-tak: How would I fail to get into college if I do my best? I would waltz into college.

Kim Shin: Whatever. You go to your room and study. This won't help you become a radio producer.

Jeoseungsaja: Wow, you're going to be a radio producer? Cool.

Ji Eun-tak: Yeah, I've always liked radio, ever since I was a kid.

Kim Shin: Why are you talking to him when I'm the one who brought up the radio?

Ji Eun-tak: People who live under the same roof can exchange some words . . .

Kim Shin: People? Look around and see if there is a single human living with you. Look at this sword here.

Ji Eun-tak: So, if you haven't decided on a name yet, how about Park Bo-gum?

Kim Shin: What *gum* [sword]? I've fawned over you for being able to see the sword, and now you're . . .

Ji Eun-tak: Seriously, whose fault is it that I have this mark on my neck and see ghosts?

Kim Shin: What's wrong with this mark? It looks fine!

Ji Eun-tak: Hey! Did you just toss my hair? You deserve that sword in your chest. People don't get stabbed like that for no reason, you know.

김　　신: 어이, 고3, 너 공부 안 해? 너 잘하면 아주 대학 떨어지겠다.

지 은 탁: 잘하면 대학에 왜 떨어져요? 잘하면 철썩 붙지.

김　　신: 아 됐고, 너 들어가서 공부해. 라디오 피디 되겠냐, 그래 가지고?

저승사자: 오~ 너, 라디오 피디 될 거야? 멋있다.

지 은 탁: 네, 제가 어렸을 때부터 라디오를 좋아해서요.

김　　신: 라디오 얘기 내가 말했는데 왜 쟤랑 얘기해?

지 은 탁: 같이 사는 사람들끼리 말도 좀 섞고…….

김　　신: 사람? 니가 같이 사는 것들 중에 사람이 있나 봐라. 나 여기 검 좀 봐라.

지 은 탁: 아저씨, 혹시 이름 안 정하셨으면 박보검 어때요? 박보검?

김　　신: 뭔 검? 이게 아주 검 좀 본다고 오냐오냐해 줬더니, 아주 그냥?

지 은 탁: 참 나! 내가 누구 때문에 이 점이 생기고 누구 때문에 귀신을 보는데요.

김　　신: 이 낙인 뭐! 예쁘기만 하구만.

지 은 탁: 어머! 아저씨, 지금 내 머리카락 쳤어요? 아, 그러니까 가슴에 검이 꽂히지. 사람이 이런 게 꽂히는 데는 다 이유가 있다니까요.

Kim Shin: How can you poke someone's wounds like that? Are you a psychopath?

Ji Eun-tak: What, you think you've been any different from the start? "You're not the *dokkaebi* bride. Don't live in rumors, live in reality." You think you were all fluffy, instead of being so prickly?

Kim Shin: I was looking out for you.

Ji Eun-tak: If you're looking out for me, get me a boyfriend. A part-time job, my aunt's family, a boyfriend—none of that came true. What kind of a guardian god are you? Get me a boyfriend!

Kim Shin: Your boyfriend is right here!

Ji Eun-tak: Here where? Where?

Kim Shin: Here, right in front of you. Me!

 # Scene 2

Ji Eun-tak: He must be crazy. Boyfriend? It's not up to him, and it's not like he likes me. What nonsense.

Kim Shin: That was the first time my tongue slipped in 900 years. Technically, I'm her groom, not her boyfriend. Should I go explain myself? This is really awkward.

김　　신: 너 어떻게 그렇게 사람 아픈 데 콕콕 찔러? 사이코패스야?

지 은 탁: 아저씬 뭐 처음부터 안 그랬는 줄 알아요? '넌 도깨비 신부가 아니다. 소문에 살지 말고 현실에 살아라.' 자긴 뭐 콕콕 안 찌르고 되게 푹신푹신했는 줄 아나 봐.

김　　신: 너 위해서 얘기한 거잖아. 너 위해서.

지 은 탁: 나 위할 거면 남친이나 내놔요. 알바 이모네 남친! 무슨 수호신이 이래? 안 이루어졌잖아요. 남친!

김　　신: 여기 있잖아, 니 남친!

지 은 탁: 여기, 어디예요? 여기 어디?

김　　신: 여기, 니 앞에 나!

 # 장면 2

지 은 탁: 어, 미쳤나 봐, 남친이래. 참, 누구 맘대로. 나 좋아해? 췟, 어이없어.

김　　신: 900년 만에 실언이군. 따지자면 남친이 아니라 남편인데. 가서 소상히 정정을 해야 하나. 몹시 곤란하군.

2. 단어 & 표현 익히기 Vocabulary and Expressions

도깨비: 동물이나 사람의 형상을 한 귀신	A goblin that takes the form of an animal or a person
개키다: 이불 같은 것을 단정히 접다	To fold neatly, refers to blankets or similar objects
저승사자: 저승에서 죽은 사람을 데리러 오는 심부름꾼	Grim reaper; one who comes to collect the dead and bring them to the afterlife
솜씨: 어떤 일을 하는 재주	Skill, a knack for doing something skillfully
자제하다: 자신의 감정이나 욕망을 누르다	To suppress, control, or refrain from a desire or action
보송보송하다: 살결이나 얼굴이 곱고 보드랍다	Soft and smooth, as in one's skin
고급지다: 고급스러운 느낌이 있다	Upscale; luxurious
톡톡하다: 천 같은 것이 촘촘하게 짜여 두껍다	Thick and tightly woven, as in cloth
황금시대: 사회의 진보가 최고조에 이르러 행복과 평화가 가득 찬 시대	A golden age; a period of happiness, prosperity, and achievement
극적: 극을 보는 것처럼 큰 긴장이나 감동을 불러일으키는	Dramatic; rousing theatrical suspense and emotions

배합하다: 이것 저것을 일정한 비율로 섞어 잘 합치다	To combine at a certain ratio
야경: ① 밤의 풍경 ② 밤사이에 화재나 범죄가 없도록 지킴	① Night views ② Keeping a nighttime lookout for fires or crime
유품: 사람이 죽기 전에 사용하다가 남긴 물건	A belonging left by the deceased
가리다: 보이지 않도록 막다	To hide from view
두르다: 수건, 치마 같은 것을 몸에 감다	To wrap the likes of a towel or a skirt around one's body
되게: 아주 매우	Very; greatly
검: 무기로 쓰는 큰 칼	A sword; a long blade used as a weapon
낙인: 쇠붙이로 만들어 불에 달구어 찍는 도장 (주로 목재나 가축에 찍지만 예전에는 죄인의 몸에 찍기도 했다.)	A branding mark or iron (used on wood or cattle, also used on criminals in the past)
콕콕: 작게 또 야무지게 찌르거나 박는 모양	In a poking or prodding motion
찌르다: 뾰족하거나 날카로운 것으로 세게 밀다	To poke or stab with a pointy object
신부: 갓 결혼했거나 결혼하는 여자	A bride; a newly married or soon-to-be married woman

소문: 사람들의 입에 오르내리는 말	A rumor; a story or piece of news spread by word of mouth
푹신푹신: 푸근하고 부드럽고 탄력이 있는 느낌	Soft and cushiony
수호신: 국가, 민족, 개인 등을 지키고 보호하여 주는 신	A guardian god
실언: 실수로 잘못한 말	A slip of the tongue
따지다: 옳고 그른 것을 밝혀 가리다	To determine what is right and wrong
소상히: 분명하게 자세히	In clear detail
정정하다: 글 같은 것을 고쳐서 바로잡다	To correct and revise, as in a piece of writing
곤란하다: 사정이 딱하고 어렵다	(To be or to put one) in dire straits or an awkward position

외래어 Loanwords

피디: PD. 프로듀서(producer)의 준말.

Abbreviation for "producer"

사이코패스: Psychopath. 반사회적 인격 장애를 앓고 있는 사람.

A person with an antisocial personality disorder

알바: '아르바이트(Arbeit)'의 준말.

Abbreviation for the German "*arbeit*," used as "part-time job"

표현 Expressions

죽인다: '멋있어 보임'을 속되게 이르는 말.

Colloquial expression for "looking great"

말을 섞다: 어떤 사람이 다른 사람과, 또는 둘 이상의 사람이 대화를 주고받다. Conversing with others

오냐오냐하다: 어린아이의 어리광이나 투정을 받아 주다.

Fawning over the whims of young children

어이없다: 일이 너무 뜻밖이어서 기가 막히다.

Dumbfounded with astonishment

Fill in the blanks with the appropriate word from the list below (conjugate if necessary).

1) My mother has been a skilled cook since a long time ago.
2) This would be a good wedding dress for the bride.
3) Please refrain from any behavior that might offend other people.
4) Typos and punctuation mistakes must be corrected before resubmission.
5) My skin became so soft after getting a massage.
6) I couldn’t sleep all night because of a poking pain in my leg.
7) He/she and I had a fight and it’s been a long time since we talked.

연습 문제 Exercises

빈칸에 알맞은 단어를 넣어 보세요.(필요 시 활용형으로 바꾸세요.)

정정	콕콕	보송보송	자제
신부	솜씨	말을 섞다	

1) 우리 어머니는 옛날부터 음식 (   )가 뛰어났어요.

2) (   )가 입을 웨딩드레스는 이것으로 하는 게 좋겠어.

3) 남들에게 실례가 되는 행동은 되도록 (   )해 주렴.

4) 오타나 잘못된 문장부호는 (   )해서 다시 제출해야 합니다.

5) 마사지를 받았더니 피부가 (   )해졌다.

6) 아픈 다리가 (   ) 쑤셔서 밤새 잠을 이루지 못했다.

7) 그 사람과 싸우고 나서 (   )지 않은 지 오래됐어요.

정답: 1) 솜씨 2) 신부 3) 자제 4) 정정 5) 보송보송 6) 콕콕 7) 말을 섞

1) The expression "-겠지 하고" is used to quote one's expectation or assumption, usually when it has turned out to be false.

In the script, Ji Eun-tak says: "엄마는 제가 귀신 보는 게 목에 있는 점 때문이라고 생각해서 이것만 가리면 귀신 못 보**겠지 하고** 되게 어릴 때부터 둘둘 둘러 주셨는데 아무 소용없었거든요."

Examples

① I didn't take my medicine thinking my cold would go away soon, and I'm still sick.

② I waited thinking my friend would show up soon, but he/she didn't.

Exercises

① How was the movie?

I saw it thinking it would be good, but it wasn't really.

② Did you get the test result?

I thought I would definitely pass, but I didn't.

3. 문법 익히기 Form Sentences

1) ~겠지 하고: 어떤 행동을 하면 어떤 결과가 나오겠지 하고 추측했는데 결과는 그 반대일 때 씁니다.

대본에서는: 지은탁 "엄마는 제가 귀신 보는 게 목에 있는 점 때문이라고 생각해서 이것만 가리면 귀신 못 보**겠지 하고** 되게 어릴 때부터 둘둘 둘러 주셨는데 아무 소용없었거든요."

예시

① 감기가 곧 떨어지**겠지 하고** 약을 먹지 않았더니 계속 안 낫네요.

② 친구가 곧 오**겠지 하고** 기다렸는데 결국 오지 않았어.

연습해 보기

① 가: 영화 어땠어?

나: (   ) 봤는데 별로였어.

② 가: 시험 결과 나왔어?

나: 꼭 (   ) 생각했는데 떨어졌어.

정답 예시: ① 재밌겠지 하고 ② 붙겠지 하고

2) The expression “잘하면 -겠다” is used to predict what “just might” happen if one continues to do well or a situation continues.
In the script, Kim Shin says: “어이, 고3, 너 공부 안 해? 너 **잘하면 아주 대학 떨어지겠다.**”

Examples

① You sing very well. You just might become a singer.
② Seeing as the two are dating seriously, I think they just might get married.

Exercises

① The sky is so cloudy. It just might rain.
② Since you are so proficient in foreign languages, you just might become a diplomat.
③ Since you’re studying so hard, you just might get straight As.

2) 잘하면 ~겠다: 상대의 행동을 보고 벌어질 미래를 예상할 때 씁니다.

대본에서는: 김신 "어이, 고3, 너 공부 안 해? 너 **잘하면 아주 대학 떨어지겠다.**"

예시

① 노래를 정말 잘하네, **잘하면** 가수가 되**겠다**.

② 두 사람이 진지하게 만나는 것을 보니, **잘하면** 결혼하**겠다**.

연습해 보기

① 날씨가 엄청 흐리네, 잘하면 (   )

② 외국어에 이렇게 능통하니, 잘하면 (   )

③ 공부를 이렇게 열심히 하니, 잘하면 (   )

정답 예시: ① 비가 오겠다. ② 외교관이 되겠다. ③ 올 에이 받겠다.

1) Why did Kim Shin walk around with the painting?
① To ask where to hang it
② To flaunt the painting
③ To get Ji Eun-tak's attention
④ To explain the painting to Ji Eun-tak

2) What is another name for the painting *The Shooting Company of Frans Banning Cocq and Willem van Ruytenburch*?

3) Why is Ji Eun-tak able to see ghosts? (Refer to the introductory summary.)
① Because of the mole on her neck
② Because she is the "*dokkaebi* bride"
③ Because her physical condition is poor
④ Because she's been to the afterlife and back

4. 읽고 답하기 Read and Respond

1) 김신은 왜 그림을 들고 왔다 갔다 했을까요?

① 그림을 어디 걸지 물어보려고　② 그림을 자랑하고 싶어서

③ 지은탁의 관심을 끌려고　④ 지은탁에게 그림을 설명하려고

2) 〈프란스 반닝 코크와 빌럼 반 루이텐부르크의 민병대〉라는 이 그림의 또 다른 이름은 무엇입니까?

3) 지은탁이 귀신을 보는 이유는 무엇입니까? (드라마 소개를 참고하여 답하세요.)

① 목에 있는 점 때문에　② 도깨비 신부라서

③ 몸이 허약해서　④ 저승을 갔다 와서

4) Read the statements about the *dokkaebi* in this show and mark ○ if true and × if false.

① The *dokkaebi* is not human.

② The *dokkaebi* has lived for 1,000 years.

③ The *dokkaebi* has a sword in his chest.

④ The *dokkaebi* likes Ji Eun-tak.

5) Find the expression in which the adjective "죽인다" is used differently than the other examples.

① Killer body ② Killer dish ③ Kill a bug ④ Killer design

4) 드라마에 나오는 도깨비에 대해서 맞는 것은 ○, 틀린 것은 ×를 하세요.

① 도깨비는 사람이 아니다. (　　)

② 도깨비는 1,000년을 살았다. (　　)

③ 도깨비는 가슴에 검이 꽂혀 있다. (　　)

④ 도깨비는 지은탁을 좋아한다. (　　)

5) 의미가 다른 하나를 고르세요.

① 몸매가 죽인다.　　　② 맛이 죽인다.

③ 벌레를 죽인다.　　　④ 디자인이 죽인다.

정답: 1) ③　2) 야경　3) ②　4) ① ○, ② ×, ③ ○, ④ ○　5) ③

5. 드라마 다시 보기 Watch the Scenes Again

영상을 다시 보면서 빈칸을 채워 보세요. 친구들과 역할을 나누어 읽어 보세요.

Fill in the blanks as you watch the scenes again. With a friend, choose characters and take turns reading the script out loud.

장면 1

지 은 탁: 빨래 (   )? 저도 할게요. 맨날 혼자 하셨죠? 보아하니 그래요.

저승사자: 알아주니 고맙군.

지 은 탁: 화장실 수건이 전부 저승 아저씨 (   )구나, 어쩐지 각이 (   ).

저승사자: 죽인다는 표현은 좀 (   )해 주면 좋겠어.

지 은 탁: 아, 죄송……. 전 이 집 수건이 참 좋아요. (   ) 고급지고 톡톡하니. 아, 감사합니다.

김 신: 17세기 네덜란드 황금시대 대표적인 화가 렘브란트 반 레인의 빛과 어둠을 극적으로 배합한 (   )이라는 제목으로 더 알려졌지만, 으음~ 사실 <프란스 반닝 코크와 빌럼 반 루이텐부르크의 민병대>라고 불리는 이 그림을 어디에 걸면 좋을까?

저승사자: 나 그 목도리 너 아홉 살 때도 본 것 같은데 그 목도리 맞지?

지 은 탁: 어, 네~ 엄마 (   )이에요. 엄마는 제가 귀신 보는 게 목에 있는 점 때문이라고 생각해서 이것만 가리면 귀신 못 보겠지 하고 되게 어릴 때부터 둘둘 둘러 주셨는데 아무 소용없었거든요. 근데 습관이 돼 가지고. 이제 이게 엄마 같고 그래요.

저승사자: 오백 해 줘.

김 신: 자꾸 무슨 고백을 하래, 넌. 야, 그리고 뭐 묻기만 하면 (   ) 이…… 무서워서 묻겠냐.

저승사자: 얘, 왜 이래?

지 은 탁: 아저씨한테 대답한 거 아니잖아요.

저승사자: (   ), 성격이.

지 은 탁: 힘드셨겠어요. 근데 이름은 정하셨어요?

김 신: 어이, 고3, 너 공부 안 해? 너 (   ) 대학 떨어지겠다.

지 은 탁: 잘하면 대학에 왜 떨어져요? 잘하면 (   ) 붙지.

김 신: 아 됐고, 너 들어가서 공부해. 라디오 (   ) 되겠냐, 그래 가지고?

저승사자: 오~ 너, 라디오 피디 될 거야? 멋있다.

지 은 탁: 네, 제가 어렸을 때부터 라디오를 좋아해서요.

김 신: 라디오 얘기 내가 말했는데 왜 재랑 얘기해?

지 은 탁: 같이 사는 사람들끼리 말도 좀 (   )…….

김　　신: 사람? 니가 같이 사는 것들 중에 사람이 있나 봐라. 나 여기 검 좀 봐라.

지 은 탁: 아저씨, 혹시 이름 안 정하셨으면 박보검 어때요? 박보검?

김　　신: 뭔 검? 이게 아주 검 좀 본다고 오냐오냐해 줬더니, 아주 그냥?

지 은 탁: 참 나! 내가 누구 때문에 이 점이 생기고 누구 때문에 귀신을 보는데요.

김　　신: 이 낙인 뭐! 예쁘기만 하구만.

A *dokkaebi* is a versatile ghost-like character often depicted in Korean folktales. Conceived based on the Korean animist belief that a spirit inhabits all objects, it is less of a ghost and more of a spirit that can inhabits other forms that presents itself as human-like. There have been manifold tales about *dokkaebi* since yore and among them, "The Wenny Old Man" is representative. Read the story and discuss what kinds of ghost stories are told in your country of origin.

"The Wenny Old Man"

A man with a lump on his neck went to the mountain to gather firewood. He chopped and gathered wood so eagerly that he didn't realize the sun was setting until it had become quite late. On his way down the mountain, he found an abandoned hut and decided to spend the night there. Bored in the empty hut, he began to sing, and a nearby group of *dokkaebi* gathered around the hut at the sound. Enchanted by the man's singing, one *dokkaebi* asked the old man, "Where does that marvelous sound come from?" "It comes from this lump on my neck," answered the old man. The *dokkaebi* insisted that he sell the lump to them in exchange for a fortune, and quickly presented the old man with piles of riches in order to take it. The old man had now gotten rid of his lump and become rich, too.

Another man with a lump on his neck living in the village heard the news and went to the same hut to spend the night in hopes that he too would encounter the *dokkaebi*. As the night fell, he began to sing, and

6. 읽고 이야기해 보기 Discuss

도깨비는 다양한 형상을 한 한국의 전통 귀신입니다. 도깨비에 관해서는 옛날부터 많은 설화가 있었습니다. 〈혹부리 영감〉은 그중에서 대표적인 도깨비 관련 설화입니다. 내용을 한번 읽어 보고 여러분들 나라에는 어떤 귀신 설화가 있는지 이야기해 봅시다.

〈혹부리 영감〉 설화

목에 혹이 달린 영감이 산에 나무를 하러 갔다. 열심히 나무를 하느라 날이 저무는 줄도 몰랐다. 길을 내려오다가 빈집을 발견해서 하룻밤 쉬기 위해 들어갔다. 혼자 심심해서 노래를 부르기 시작했는데, 근처에 있던 도깨비들이 그 소리를 듣고 몰려왔다. 노래에 감동한 도깨비 두목이 "노인, 그 고운 노랫소리는 어디에서 나오는 거요?" 하고 물었다. 노인은 "목에 달린 혹에서 나오는 것이오."라고 답했다. 도깨비는 재물을 줄 테니 그 혹을 자기에게 팔라고 했다. 그러고는 재물을 던져 주고 혹을 떼어 갔다. 노인은 혹도 떼고 도깨비가 준 재물로 부자가 되었다.

이웃에 살던 다른 혹부리 영감이 그 말을 듣고 일부러 그 빈집을 찾아 들어가 밤이 되기를 기다렸다. 밤이 되자 노래를 부르기 시작했는데, 그 소리를 듣고 도깨비들이 몰려왔다. 도깨비 두목이 또 그 노랫소리가 어디서 나오는 것이냐고 물었다. 노인은 혹에서 나오는 것이라고 답했다. 도깨비 두

the group of *dokkaebi* came running again. The leader among the pack asked the man where his voice came from, and just like the first man, he said that it came from his lump. As if expecting this response, the head *dokkaebi* yelled, "You're lying, just like the old man before!" and gave him a new lump of the other side of his neck.

This story is the origin of the Korean proverb, "혹 떼러 갔다가 혹 붙였다" (to go to get a lump removed and come back with another), used in situations in which one who seeks to relieve their burden ends up taking on even more of what is ailing them.

목은 그 말을 듣더니 "그전에 어떤 영감이 와서 거짓말을 하더니, 너도 거짓말을 하는구나." 하면서 다른 편에 혹을 하나 더 붙였다.

이런 이유로 "혹 떼러 갔다가 혹 붙였다."(자기의 부담을 덜려고 하다가 도리어 다른 부담까지도 떠맡게 된 경우를 비유적으로 이르는 속담)라는 속담이 생겼다고 한다.

▶ 드라마 장면은 어떻게 보나요? How to watch

- https://www.youtube.com/watch?v=mie8TCm5HTQ
  유튜브 검색어 YouTube search words: 호텔 델루나 질투하는 사장님
- *Hotel Del Luna*, Episode 6 & Others
  If the YouTube clip via the QR code is unavailable in your location, please use Netflix or other means.

4과

〈호텔 델루나〉

방영: tvN(2019. 7. 13~2019. 9. 1. 16부작)

Chapter 4

Hotel Del Luna

16 episodes, aired on tvN from July 13 to September 1, 2019

Hotel Del Luna depicts the extraordinary happenings that take place at the eponymous hotel owned by Jang Man-wol (played by Lee Ji-eun) and managed by Gu Chan-sung (played by Yeo Jin-goo), an elite hotelier who was recruited to join the hotel's staff after a fateful event.

In the center of downtown Seoul, there is an old and shabby building. At a glance, it looks like an empty mansion on the verge of needing to be rebuilt, but upon closer observation, it is an actively running hotel. Streams of people walk by the hotel, but no one enters it during the day. Deep in the night, when people in the area become scarce and the city falls asleep, the sign turns on and the humble mansion transforms into an extravagant hotel where wandering ghosts check in one by one. Awaiting them inside is Jang Man-wol, the 1,300-year-old owner of the hotel, who is as beautiful and aloof as the moon.

In the scenes dealt with in this chapter, Jang Man-wol displays jealousy not only toward Gu Chan-sung's ex-girlfriend but also toward other female guests at the hotel.

〈호텔 델루나〉는 운명적인 사건을 계기로 호텔 델루나의 지배인을 맡게 된 엘리트 호텔리어 구찬성(여진구)이 사장 장만월(이지은)과 함께 델루나를 운영하며 생기는 특별한 이야기를 그리고 있습니다.

서울 시내 가장 번화한 도심 한복판에 낡고 허름한 건물이 있습니다. 언뜻 보면 재건축을 앞둔 빈 건물처럼 보이지만, 자세히 보면 영업 중인 호텔입니다. 그 앞으로 수많은 이들이 지나다니지만 낮에는 그 호텔 안으로 들어가는 손님이 거의 없습니다. 밤이 깊어 인적이 끊기고 도심이 잠들 때, 간판에 불이 켜집니다. 허름한 호텔은 엄청나게 화려한 호텔로 변신하고 떠돌이 귀신들이 하나 둘씩 호텔로 들어갑니다. 그 안에서는 달처럼 고고하고 아름답지만 괴팍한 장만월이라는 1,300살 된 사장이 그들을 기다립니다.

오늘 배울 영상은, 장만월 사장이 질투하는 장면입니다. 장만월은 구찬성의 옛 여자 친구뿐만 아니라 호텔 손님으로 찾아온 여자 귀신들한테까지 질투를 드러냅니다.

Scene 1

Gu Chan-sung: What are you doing here?

Jang Man-wol: Can't you see? I'm on a picnic.

Gu Chan-sung: Exactly. Why are you on a picnic on such a hot day?

Jang Man-wol: Okay, I'll entertain you in your all-knowing-yet-still-asking Harvard play. I'm here to watch you. Happy? Stop looking for the pouch. Just leave it.

Gu Chan-sung: Are you worried that I might find it and go get married off?

Jang Man-wol: Gu Chan-sung, I'm against you getting married. I cannot approve it.

1. 드라마 보기 Watch the Scenes

장면 1

구찬성: 여기서 뭐합니까?

장만월: 보면 몰라? 피크닉 나왔어.

구찬성: 그러니까 그걸 왜 나왔냐고요? 날도 더운데.

장만월: 그래, 다 알면서 묻는 니네 그 하버드 식으로 대답해 줄게. 너 구경 나왔다. 됐니? 너 그 주머니 찾지 마, 그냥 냅둬.

구찬성: 그걸 주우면 혹시 내가 장가가게 될까 봐요?

장만월: 구찬성, 나 니 결혼 반대야, 찬성할 수 없어.

Scene 2

Gu Chan-sung: She has a story.

Jang Man-wol: Every ghost has a story. What is wrong with her? Is she drunk?

Gu Chan-sung: She is tired from wandering.

Jang Man-wol: Excuse me, guest, you can't do that to my employee.

Gu Chan-sung: I'm okay.

Jang Man-wol: Well, then give her a warm hug, why don't you?

Gu Chan-sung: Wait, this isn't going to work. Please excuse me.

Jang Man-wol: I see, Gu Chan-sung, that you are perfectly capable of lifting and carrying someone after all. And yet you pulled out some cabbage cart to carry me.

Scene 3

Jang Man-wol: He's not answering his phone. When he comes home, tell him I'm coming to pick him up later in my new poop-colored car so he should be ready and waiting.

Sanchez: Man-wol, Chan-sung might not be back till late tonight.

Jang Man-wol: Huh? Why?

Sanchez: His girlfriend was here today.

Jang Man-wol: His what?

장면 2

구찬성: 사연이 있답니다.

장만월: 사연 없는 귀신이 어디 있니? 아이고, 왜 그러고 있대. 취했대?

구찬성: 많이 헤매느라 기운이 없답니다.

장만월: 손님, 손님, 우리 호텔 직원한테 이러시면 안 됩니다.

구찬성: 전 괜찮습니다.

장만월: 그래, 그럼 아주 꼭 끌어안아 드리든가.

구찬성: 어어~ 안 되겠네요. 잠깐 실례하겠습니다.

장만월: 아이고, 구찬성, 니가 번쩍 들고 옮길 힘이 있네. 나한테는 무슨 배추 쪼가리 담던 리어카나 끌고 오더니. 이 씨~

장면 3

장만월: 어, 전화를 안 받네. 집에 오면 이따 내가 똥색 새 차 끌고 데리러 간다고 딱 기다리고 있으라고 그래.

산체스: 만월아, 찬성이 오늘 늦을지도 모르겠다.

장만월: 어? 왜?

산체스: 오늘 여자 친구가 왔었어.

장만월: 뭐가 와?

Sanchez: His girlfriend from back in the US. She was here to see him, but I guess they met up outside. Whoa! You're here already.

Jang Man-wol: Gu Chan-sung has a girlfriend? Who is she? Is she pretty?

Sanchez: Um, well . . .

Jang Man-wol: Forget it. Don't tell me. Why would you tell me? Who wants to know? I don't. Later, then.

Sanchez: I haven't said anything yet.

Jang Man-wol: Well, if you're so inclined, tell me. I'll hear you out. Is she pretty?

Sanchez: Yeah, she's really pretty. She's smart and she seems like a good match for Chan-sung. Do you want to see her picture? I'll go get it. Wait here.

Jang Man-wol: If she's really pretty in that picture, Sanchez, you are a dead man.

 # Scene 4

Gu Chan-sung: Ms. Jang? What are you doing here? Did you hear about the event here?

Jang Man-wol: I heard. You two met?

Gu Chan-sung: Yes, we did.

Jang Man-wol: Must have been wonderful. How was (she)?

산체스: 미국에서 사귀던 여자 친구가 왔거든. 찬성이 만나러 집으로 왔었는데 밖에서 만났나 보다. 둘이. 오, 깜짝이야. 야, 너 벌써 온 거였어?

장만월: 구찬성이 여자 친구가 있어? 누군데? 예뻐?

산체스: 어, 그게~

장만월: 됐어, 말하지 마. 나한테 그 얘길 왜 해. 누가 궁금하대? 난 관심 없어. 갈게.

산체스: 나 아직 얘기 안 했는데.

장만월: 그래, 그럼. 그렇게 말하고 싶으면 얘기해 봐. 들어나 보지 뭐. 그 여자 예뻐?

산체스: 되, 되게 예뻐. 예쁘고 사람이 똑똑하고 그리고 찬성이랑 되게 잘 어울려. 사진 있는데 볼래? 내 찾아올게. 기다려 봐.

장만월: 그 사진이 정말로 예쁘면 산체스 너는 죽는다.

 # 장면 4

구찬성: 장만월 씨? 무슨 일입니까? 이 동네 온 거 알고 왔어요?

장만월: 들었어. 만났어?

구찬성: 예, 보긴 봤습니다.

장만월: 좋았겠네. 어땠어?

Gu Chan-sung: Thinner than I thought. Small face and nice skin. You should see her for yourself. You can still catch a glimpse if you hurry.

Jang Man-wol: Forget it. Why would I want to see for myself? I'm here for some *jjukkumi* [webfoot octopus].

Gu Chan-sung: *Jjukkumi*? All dressed up like that and this late at night?

Jang Man-wol: Yes, *jjukkumi*. I'm here for *jjukkumi* and *jjukkumi* only.

Gu Chan-sung: That's the earring I found.

Jang Man-wol: Yes, these are the earrings I bought for when I go out to eat *jjukkumi*. Now that I've found the missing one, I've come out for *jjukkumi*. You found it, so you have to come too.

Gu Chan-sung: You can just say that you're craving *jjukkumi*. You don't have to come up with absurd reasons like that every time.

Jang Man-wol: Why, are you tired of me? Are you fed up, is that it?

Gu Chan-sung: To eat *jjukkumi* this late, we should go to Noryangjin. Wait, *jjukkumi* is the freshest on the west coast. Do you want to go to the beach?

Jang Man-wol: Sure, whatever. We can catch a glimpse of the sunrise on the way.

Gu Chan-sung: I'm not sure if the sun will rise from the west coast, but let's get going.

Jang Man-wol: Okay, let's take the new poop-colored car that you like and go eat some *jjukkumi*, Gu Chan-sung.

구찬성: 생각보다 날씬하던데요, 얼굴도 작고 피부도 좋고. 직접 보면 되겠네요. 아직 있을 거예요. 빨리 가면 볼 수 있어요.

장만월: 됐어. 내가 걔를 왜 봐? 나는 쭈꾸미 먹으러 가려고 나온 거야.

구찬성: 쭈꾸미요? 그렇게 차려입고 이 밤에 쭈꾸미를 먹으러 가자고요?

장만월: 그래, 쭈꾸미, 쭈꾸미! 오직 쭈꾸미 때문에 나온 거야.

구찬성: 내가 찾은 귀걸이네요.

장만월: 어, 이건 내가 쭈꾸미 먹으러 갈 때 차려고 사 둔 귀걸이야. 이거 찾은 김에 쭈꾸미 먹으려고 나온 거야. 니가 찾았으니까 너도 같이 가야 돼.

구찬성: 그냥 쭈꾸미가 먹고 싶은 거잖아요. 거 매번 그렇게 말도 안 되는 이유 갖다 붙이지 마시죠.

장만월: 왜? 징글징글해? 아주 지긋지긋해?

구찬성: 이 시간에 쭈꾸미 먹으려면 노량진 쪽으로 가야겠네요. 아니, 쭈꾸미는 서해안이지. 바닷가로 갈래요?

장만월: 뭐, 그러든가. 가는 김에 해 뜨는 것도 좀 보고.

구찬성: 서해 바다로 해가 뜰지는 모르겠지만 가 보죠.

장만월: 그래, 니가 좋아하는 똥색 새 차 타고 쭈꾸미 먹으러 가자. 구찬성.

Gu Chan-sung: Okay, but are you sure you don't want to see Kim Jun-hyun when he's right here?

Jang Man-wol: Kim Jun-hyun? How would I see him?

Gu Chan-sung: I thought you were here for him. He's filming right up there.

Jang Man-wol: What? Why are you telling me this just now!

Gu Chan-sung: I guess she knows how to run after all. Ms. Jang!

구찬성: 가죠. 그런데 정말 여기까지 와서 김준현은 안 봐도 됩니까?

장만월: 김준현? 김준현이를 어떻게 봐?

구찬성: 여기 김준현이 보러 온 거 아니에요? 요 앞에서 촬영하는데.

장만월: 에이 씨, 그 얘기를 왜 이제 해?

구찬성: 뛸 줄 아네. 장만월 씨~

2. 단어 & 표현 익히기 Vocabulary and Expressions

찬성하다: 옳다고 동의하다	To agree or approve
사연: 일의 앞뒤 사정과 까닭	A story or a reason behind something
번쩍: 물건을 매우 가볍게 들어 올리는 모양	In an effortless lifting motion
쪼가리: 작은 조각 (혹은 명사 뒤에 쓰여 그것이 아주 하찮음을 이른다)	A piece or scrap (used after nouns for a trivializing effect)
징글징글: 소름이 끼칠 정도로 몹시 흉하거나 끔찍한 모양	Creepy or dreadful; sickening and tiring
지긋지긋: 진저리가 나도록 몹시 싫고 괴로운 모양	Shudderingly detestable; sickening and tiring

외래어 Loanwords

피크닉: Picnic. 교외나 들로 나가서 먹고 즐기는 놀이. Excursion with food

하버드: Harvard. 미국 하버드 대학교. Harvard University, in the US

리어카: Rear car. 바퀴가 둘 달린 작은 수레. Handcart

사투리 Colloquial Terms—Dialect

니네: '너희'의 사투리로 구어에서 흔히 사용함.

Colloquial form of "your" (plural)

냅두다: '놓아두다'의 사투리로 구어에서 흔히 사용함.

Dialect for "leave alone"

쭈꾸미: '주꾸미'의 사투리로 구어에서 흔히 사용함.

Dialect for webfoot octopus

표현 Expressions

장가가다: 남자가 결혼하여 남의 남편이 되다.

Marrying and becoming a husband

기운이 없다: 몸에 힘이 없다. Drained of strength and energy

깜짝이야: 깜짝 놀랐을 때 하는 소리. Used to express surprise

Fill in the blanks with the appropriate word from the list below (conjugate if necessary).

1) Her face was gloomy as if she had many stories to tell.
2) Everyone who agrees with me, please raise your hand.
3) The thought of going back to the small room to work all day sickened me.
4) The clothes seemed shabby, as if they were made out of scraps.
5) The man effortlessly lifted up the heavy rice bag.
6) The man broke up with the girlfriend who he had been dating for three years and married someone else.

연습 문제 Exercises

빈칸에 알맞은 단어를 넣어 보세요.(필요 시 활용형으로 바꾸세요.)

사연	쪼가리	번쩍
장가가다	지긋지긋	찬성

1) 그녀는 얼굴이 어두운 것이 (　　　　)이 많아 보였다.

2) 제 생각에 (　　　　)하는 사람은 모두 손을 들어 주길 바랍니다.

3) 또다시 좁은 방에서 하루 종일 일할 생각을 하니 (　　　　)했다.

4) 그 옷은 남은 천 (　　　　)를 붙여서 만들었는지 초라해 보였다.

5) 남자는 무거운 쌀가마를 (　　　　) 들어 올렸다.

6) 그 남자는 3년 사귄 여자 친구와는 헤어지고 다른 여자한테 (　　　　).

정답: 1) 사연　2) 찬성　3) 지긋지긋　4) 쪼가리　5) 번쩍　6) 장가갔다

1) The expression "-(을/를)지도 모르겠다" is used to predict or presume that something might be a certain way.
대본에서는: 산체스 "만월아, 찬성이 오늘 늦을지도 모르겠다."

Examples

① The sky is cloudy. It might rain later.
② The restaurant is really famous, so it might be packed with people.

Exercises

① 가: This dish looks good.
나: I oversalted it, so it might be salty.
② 가: When is the package due to arrive?
나: Since it's a long weekend, it might be late.

3. 문법 익히기 Form Sentences

1) ~(을/ㄹ)지도 모르겠다: 미래를 추측하거나 예측할 때 씁니다.

대본에서는: 산체스 "만월아, 찬성이 오늘 늦**을지도 모르겠다.**"

예시

① 날씨가 흐려서 이따가 비가 올**지도 모르겠다.**

② 그 식당은 워낙 유명해서 사람이 많**을지도 모르겠다.**

연습해 보기

① 가: 요리 맛있어 보이네.

나: 소금을 많이 넣어서 ( ).

② 가: 택배 언제 오기로 했어?

나: 연휴 기간이라 ( ).

정답 예시: ① 짤지도 모르겠다. ② 늦게 올지도 모르겠다.

2) The expression "-는 김에" is used when one intends to do something while doing or on the way to doing something else. "는" follows the verb whether the verb has a final consonant or not.
In the script, Jang Man-wol says: "뭐, 그러든가. 가는 **김에** 해 뜨는 것도 좀 보고."

Examples

① I think I'll have some beer while I'm having chicken.
② I plan on making some side dishes while I cook rice.

Exercises

① 가: The weather is nice. Shall we go to the park?
나: It would be nice to ride bikes while we're at it.
② 가: I should clean and do some laundry today.
나: Will you wash my clothes too, while you're doing your laundry?

2) ~는 김에: 어떤 일을 기회나 계기로 다른 일도 같이 하려고 할 때 씁니다.

동사 뒤에 오며 앞에 받침이 있든 없든 '~는 김에'를 쓰면 됩니다.

대본에서는: 장만월 "뭐, 그러든가. 가는 김에 해 뜨는 것도 좀 보고."

예시

① 치킨을 먹**는 김에** 맥주도 좀 마시려고 해.

② 밥을 하**는 김에** 반찬도 몇 가지 해 놓으려고.

연습해 보기

① 가: 날씨 좋은데 공원에 놀러 갈까?

나: 공원에 가는 김에 (   )

② 가: 오늘은 청소도 하고 빨래도 좀 해야겠다.

나: 빨래하는 김에 (   )

정답 예시: ① 자전거도 타면 좋겠다. ② 내 옷도 같이 빨아 줘.

3) The expression "-긴 -하다" is used to affirm an action while implying the need for further explanation.
In the script, Gu Chan-sung says: "예, 보긴 봤습니다."

Examples

① 가: Did you eat dinner?
나: I did (but).
② 가: Have you been there?
나: I have (but).

Exercises

① 가: Did you listen to the radio show I told you about?
나: I did (but).
② 가: Did you get the email he/she sent?
나: I did (but).

3) ~긴 ~하다: 어떤 행동을 했는지 여부를 밝히고 추가로 설명이 더 필요할 때 씁니다.

대본에서는: 구찬성 "예, 보긴 **봤습니다.**"

예시

① 가: "저녁 먹었어?"

나: "먹**긴 먹었습니다.**"

② 가: "거기 가 봤어?"

나: 가**긴 갔습니다.**

연습해 보기

① 가: 내가 얘기한 라디오 프로그램 들어 봤어?

나: (   )

② 가: 그 사람 메일 보낸 거 받았어?

나: (   )

정답: ① 듣긴 들었습니다.   ② 받긴 받았습니다.

1) Find the expression that has a different meaning than the others.

① Dreadful ② Shudderingly detestable

③ Sickening and tiring ④ Boring

2) Choose the statement that is false.

① Jang Man-wol is against Gu Chan-sung getting married.

② Jang Man-wol is wearing the earrings Gu Chan-sung found.

③ Gu Chan-sung used to live in the US.

④ The two are going to Noryangjin to eat *jjukkumi*.

3) Why did Jang Man-wol say that Sanchez is a dead man if the woman in the picture is pretty? Does she really mean she will kill him? Explain why she would say such a thing if she doesn't mean it.

4. 읽고 답하기 Read and Respond

1) 비슷한 뜻이 아닌 것을 고르세요.

① 지긋지긋　② 징글징글　③ 지겹다　④ 지루하다

2) 다음 내용에서 틀린 것을 고르십시오.

① 장만월은 구찬성이 장가가는 것을 반대한다.

② 장만월은 구찬성이 찾아 준 귀걸이를 했다.

③ 구찬성은 전에 미국에서 산 적 있다.

④ 이들은 노량진에 가서 쭈꾸미를 먹을 것이다.

3) 장만월은 왜 산체스에게 “예쁘면 너 죽는다”라고 했을까요? 산체스를 정말 죽일 마음이 있는 건 아니겠지요? 그렇다면 왜 그렇게 얘기한 것일까요? 한번 대답해 봅시다.

4) Choose all statements that are true about Jang Man-wol.

① Jang Man-wol likes *jjukkumi*.

② Jang Man-wol likes Kim Jun-hyun.

③ Jang Man-wol is frequently seen running.

④ Jang Man-wol is jealous.

5) Find the word that doesn't belong.

① *Jjukkumi* ② Abalone ③ Sashimi ④ Beef

4) 장만월에 대해 맞는 것을 전부 고르세요.

① 장만월은 쭈꾸미를 좋아한다.

② 장만월은 김준현을 좋아한다.

③ 장만월은 평소에도 잘 뛴다.

④ 장만월은 질투심이 많다.

5) 종류가 다른 하나를 고르세요.

① 쭈꾸미　② 전복　③ 활어회　④ 소고기

정답: 1) ④　2) ④　3) 구찬성의 전 여자 친구를 질투해서 She was jealous of Gu Chan-sung's ex-girlfriend.　4) ①, ②, ④　5) ④

5. 드라마 다시 보기 Watch the Scenes Again

영상을 다시 보면서 빈칸을 채워 보세요. 친구들과 역할을 나누어 읽어 보세요.

Fill in the blanks as you watch the scenes again. With a friend, choose characters and take turns reading the script out loud.

 # 장면 2

구찬성: 사연이 있답니다.

장만월: (   ) 없는 귀신이 어딨니? 아이고, 왜 그러고 있대. 취했대?

구찬성: 많이 헤매느라 (   )니다.

장만월: 손님, 손님, 우리 호텔 직원한테 이러시면 안 됩니다.

구찬성: 전 괜찮습니다.

장만월: 그래, 그럼 아주 꼭 끌어안아 드리든가.

구찬성: 어어~ 안 되겠네요. 잠깐 실례하겠습니다.

장만월: 아이고, 구찬성, 니가 (   ) 들고 옮길 힘이 있네. 나한테는 무스 배추 쪼가리 담던 (   ) 끌고 오더니. 이씨~

#장면 3

장만월: 오, 전화를 안 받네. 집에 오면 이따 내가 똥색 새 차 끌고 데리러 간다고 딱 기다리고 있으라고 그래.

산체스: 만월아, 찬성이 오늘 늦을지도 모르겠다.

장만월: 어? 왜?

산체스: 오늘 여자 친구가 왔었어.

장만월: 뭐가 와?

산체스: 미국에서 사귀던 여자 친구가 왔거든. 찬성이 만나러 집으로 왔었는데 밖에서 만났나 보다. 둘이. 오, (   ). 야, 너 벌써 온 거였어?

장만월: 구찬성이 여자 친구가 있어? 누군데? 예뻐?

산체스: 오, 그게~

장만월: 됐어, 말하지 마. 나한테 그 얘길 왜 해. 누가 궁금하대? 난 관심 없어. 갈게.

산체스: 나 아직 얘기 안 했는데.

장만월: 그래, 그럼. 그렇게 말하고 싶으면 얘기해 봐. 들어나 보지 뭐. 그 여자 예뻐?

산체스: 되, 되게 예뻐. 예쁘고 사람이 (   ) 그리고 찬성이랑 되게 잘 (   ). 사진 있는데 볼래? 내 찾아올게. 기다려 봐.

장만월: 그 사진이 정말로 예쁘면 산체스 너는 죽는다.

6. 읽고 이야기해 보기 Discuss

한국에는 지역에 따라 먹을 수 있는 다양한 음식들이 있습니다. 친구들과 어떤 음식을 먹고 싶은지 한번 이야기해 볼까요?

There is a wide variety of regional dishes in Korea. Discuss with friends which dishes you would like to try.

지역 **Regions**	향토 음식 **Local Dishes**	추천 관광지 **Tourist Attractions**
서울 Seoul	설렁탕 *Seolleongtang* (ox bone soup)	선농단 Seonnongdan
인천 Incheon	짜장면 *Jajangmyeon* (black-bean-sauce noodles)	차이나타운 Chinatown
과천 Gwacheon	유황오리 진흙구이 *Yuhwang-ori jinheuk-gui* (clay-baked mineral-fed duck)	서울경마공원 Seoul Racehorse Park
수원 Suwon	왕갈비 *Wanggalbi* (premium grilled spareribs)	화성 Hwaseong Fortress
안산 Ansan	바지락 칼국수 *Bajirak kal-guksu* (noodle soup with clams)	대부도 Daebudo Island
양평 Yangpyeong	옥천냉면 Okcheon *naengmyeon* (Okcheon-style buckwheat noodles in cold broth)	세미원 Semiwon Botanical Garden
의정부 Uijeongbu	부대찌개 *Budaejjigae* (sausage stew)	원도봉산 Wondobongsan Mountain

이천 Icheon	쌀밥 정식 *Ssalbap-jeongsik* (full-course meal with steamed rice)	이천세계도자센터 Icheon World Ceramic Center
포천 Pocheon	이동갈비 Idong *galbi* (Idong-style beef short ribs)	허브아일랜드 Herb Island
강릉 Gangneung	초당순두부 *Chodang sundubu* (soft tofu)	허난설헌 생가 Birthplace of Heo Nanseolheon
속초 Sokcho	오징어순대 *Ojingeo sundae* (stuffed squid)	동명항 Dongmyeonghang Port
정선 Jeongseon	곤드레나물밥 *Gondeure-namul-bap* (seasoned thistle with rice)	레일바이크 Jeongsan Rail Bike
춘천 Chuncheon	닭갈비 *Dak-galbi* (spicy stir-fried chicken)	청평사 Cheongpyeongsa Temple
평창 Pyeongchang	메밀전병 *Memil-jeonbyeong* (buckwheat crepe)	이효석 문화마을 Lee Hyo-seok Culture Village
횡성 Hoengseong	한우등심구이 *Hanu-deungsim-gui* (grilled Korean beef sirloin)	풍수원성당 Pungsuwon Catholic Church
청주 Cheongju	한정식 *Han-jeongsik* (Korean full-course meal)	청주 고인쇄박물관 Cheongju Early Printing Museum
계룡 Gyeryong	한방백숙 *Hanbang baeksuk* (chicken boiled with rice and medicinal herbs)	계룡산국립공원 Gyeryongsan National Park
서천 Seocheon	전어구이 *Jeoneo-gui* (grilled gizzard)	마량리 동백정 Maryang-ri Camellia Forest
천안 Cheonan	병천순대국밥 Byeongcheon *sundae gukbap* (Byeongcheon-style Korean sausage and rice soup)	광덕사 Gwangdeoksa Temple

남원 Namwon	추어탕 *Chueotang* (loach soup)	광한루원 Gwanghalluwon Garden
전주 Jeonju	전주비빔밥 Jeonju *bibimbap* (Jeonju-style mixed rice)	한옥마을 Jeonju Hanok Village
나주 Naju	나주곰탕 Naju *gomtang* (Naju-style beef-bone soup)	다보사 Dabosa Temple
문경 Mungyeong	한방돼지찜 *Hanbang dwaeji-jjim* (pork braised with medicinal herbs)	문경새재 Mungyeongsaejae Pass
영천 Yeongcheon	소머리국밥 *So-meori gukbap* (ox head rice soup)	보현산 천문대 Bohyeongsan Optical Astronomy Observatory
양산 Yangsan	산채정식 *Sanchae-jeongsik* (set menu with seasoned wild greens)	통도사 Tongdosa Temple
진주 Jinju	육회비빔밥 *Yukhoe bibimbap* (mixed rice with beef tartare)	진주성 Jinjuseong Fortress
통영 Tongyeong	충무김밥 Chungmu *gimbap* (Chungmu-style rice roll)	거북선 Geobukseon (Turtle Ship)
서귀포 Seogwipo	옥돔구이 *Okdom-gui* (grilled sea bream)	섭지코지 Seobjikoji Beach
제주 Jeju	흑돼지구이 *Heukdwaeji-gui* (gilled black pork spareribs)	만장굴 Manjanggul Cave

▶ 드라마 장면은 어떻게 보나요? How to watch

- https://www.youtube.com/watch?v=atEtCgyIRew
  유튜브 검색어 YouTube search words: 키스 아니고 뽀뛰하려는 현빈에 손예진 분노 폭발
- Netflix: *Crash Landing on You*, Episode 4, 4:40-7:06.
  If the YouTube clip via the QR code is unavailable in your location, please use Netflix or other means.

5과

〈사랑의 불시착〉

방영: tvN(2019. 12. 14~2020. 2. 16, 16부작)

Chapter 5

Crash Landing on You

16 episodes, aired on tvN from December 14, 2019, to February 16, 2020

Crash Landing on You portrays the secret romance between Yoo Se-ri (played by Son Ye-jin), a South Korean chaebol heiress who makes an emergency landing on North Korean soil after being blown away by a tornado while paragliding, and Ri Jeong-hyeok (played by Hyun Bin), a captain in the North Korean Special Police Force who finds and falls in love with Yoo Se-ri while hiding and protecting her.

While South Koreans can now travel to 189 countries without a visa, neighboring North Korea, where people speak the same language and share a similar culture, is still strictly off-limits. To South Koreans, North Korea remains a mysterious and outlandish country as much as it is unreachable and barricaded. In the show, Yoon Se-ri, just like Dorothy in *The Wizard of Oz*, is swept up by a tornado and transported to an unknown world.

But, as foreshadowed by the line, "The wrong train sometimes takes you to your destination," Yoon Se-ri, who initially seems to be the victim of an unfortunate accident that left her abandoned and alone in a strange and dangerous place, goes onto discover magical connections and trivial joys. There, amidst the honest-living locals, she finds a kind of warmth she has never felt in South Korea, and moreover, meets the love of her life, Ri Jeong-hyeok.

The two protagonists frequently engage in affectionate quarrels throughout the show, and such scenes are featured in this chapter.

〈사랑의 불시착〉은 패러글라이딩을 하다 돌풍에 휩쓸려 북한에 불시착한 재벌 2세 윤세리(손예진)와 그러한 그녀를 숨기고 지켜 주다 사랑하게 되는 북한 특급 장교 리정혁(현빈)의 극비 로맨스를 그린 드라마입니다.

대한민국은 이제 189개국을 비자 없이 여행할 수 있는 나라가 되었습니다. 그런데 가장 가까이 있고 같은 언어를 사용하고 문화도 비슷하지만 갈 수 없는 나라가 있습니다. 바로 북한입니다. 갈 수 없고 만날 수 없기에 더욱 궁금하고 신기한 나라. 토네이도에 휘말려 다른 세상으로 날아간 동화 속 도로시처럼 주인공 윤세리는 돌풍에 휩쓸려 완전히 다른 세상에 던져집니다.

그러나 드라마에 나오는 "잘못 탄 기차가 때로는 목적지에 데려다 준다."라는 대사처럼, 불운의 사고를 당해 낯설고 무서운 곳에 홀로 떨어진 것 같지만 윤세리는 그곳에서 오히려 마법 같은 인연과 소소한 행복을 만납니다. 윤세리는 그곳에서 만난 순박한 사람들과 남한에서는 미처 경험해 보지 못한 따뜻한 정을 나누고 무엇보다 리정혁을 만나 꿈같은 사랑을 하게 됩니다.

드라마에는 윤세리와 리정혁이 알콩달콩 말싸움하는 장면이 많이 나오는데, 오늘 볼 영상은 그중 하나입니다.

Yoon Se-ri: People can be subjected to small and big accidents in their lives. They can get lost. Someone I know drove all the way to Daejeon from Gangnam when he was learning to drive because he couldn't turn left. What happened to me is no different. Though I ended up in North Korea, not Daejeon. They're probably about the same distance from Seoul.

Ri Jeong-hyeok: Are you coming?

Yoon Se-ri: What happened today—I'll try to think positively and think of it as an extended detour. But I will be able to go back sometime next week, right?

Ri Jeong-hyeok: What?

1. 드라마 보기 Watch the Scenes

AI Reader

❶ 

❷ 

윤세리: 사람이 살다 보면 크고 작은 사고를 당할 수 있죠. 헤맬 수도 있고. 나 아는 사람은 운전 처음 배울 때 좌회전 못해서 강남에서 대전까지 갔대. 나도 그런 거지 뭐. 물론 난 대전이 아니고 북한인 거지만. 뭐 거리론 비슷할걸요.

리정혁: 안 탈 거요?

윤세리: 오늘 일은 그래요. 조금 더 헤매는 거라고 긍정적으로 생각할게요. 그치만 다음 주 안엔 갈 수 있겠죠?

리정혁: 뭘요?

Yoon Se-ri: I'm sure it's going to be difficult, but if we look, there's got to be something other than absolutely no way, right?

Ri Jeong-hyeok: There isn't. Once a sea control order is issued, it takes at least 10 to 15 days till it's lifted.

Yoon Se-ri: Is that all you can say in a situation like this?

Ri Jeong-hyeok: I'm just telling you the truth . . .

Yoon Se-ri: Do you think the truth is what I want to hear right now?

Ri Jeong-hyeok: Do you want me to lie . . .

Yoon Se-ri: Don't lie, comfort me. Tell me it's going to fine, that we can do this.

Ri Jeong-hyeok: I can't offer false consolation.

Yoon Se-ri: Despicable.

Ri Jeong-hyeok: Despicable?

Yoon Se-ri: Don't look at me like you've never lied in your life.

Ri Jeong-hyeok: This is how my eyes always look . . .

Yoon Se-ri: You're usually so good at lying. Why can't you lie now?

Ri Jeong-hyeok: When did I lie?

Yoon Se-ri: You said I was your fiancée.

Ri Jeong-hyeok: Well, it was unavoidable in that situation.

윤세리: 물론 무리겠지만 찾아보면 방법이 아예 없진 않겠죠?

리정혁: 없소. 한번 해상통제명령이 떨어지면 해제될 때까지 짧아도 열흘에서 보름이 걸리니까.

윤세리: 아니, 지금 상황에 말을 그렇게밖에 못해요?

리정혁: 나는 사실 그대로 말한 것…….

윤세리: 내가 지금 이 상황에 사실 그대로 듣고 싶겠어요?

리정혁: 나더러 거짓말을 하라는…….

윤세리: 거짓말이 아니라 위로를 하란 거지. 괜찮다. 할 수 있다.

리정혁: 거짓 위로는 할 수 없소.

윤세리: 가증스러워.

리정혁: 가…… 가증?

윤세리: 태어나서 거짓말이라고는 한 번도 안 해 본 것 같은 눈으로 쳐다보지 마요.

리정혁: 내가 눈이 원래 이케 생겼…….

윤세리: 평소에는 잘만 하더만 거짓말. 왜 이럴 땐 못하지?

리정혁: 내가 언제?

윤세리: 나더러 약혼녀라면서요.

리정혁: 아이, 그때는 상황이 불가피해서.

Yoon Se-ri: What about the kiss? For the record, I'm not one to obsess over that kind of thing. It's not like I'm from the Gojoseon Kingdom. And technically, it was a peck, not a kiss. People do that as a greeting in Paris. But don't you think I need an explanation? Because this isn't Paris.

Ri Jeong-hyeok: You told me to do something, anything.

Yoon Se-ri: I told you to do "something," not to kiss me.

Ri Jeong-hyeok: You just said it was a peck, not a kiss.

Yoon Se-ri: Wow, look at you drawing a line. So, it's a peck, therefore it doesn't matter?

Ri Jeong-hyeok: No, not that it doesn't matter . . .

Yoon Se-ri: It means nothing?

Ri Jeong-hyeok: Not that it means nothing . . .

Yoon Se-ri: Wow, what's with this cool vibe? You're so Hollywood.

Ri Jeong-hyeok: I've never been to Hollywood.

Yoon Se-ri: Whatever. You're sorry, right? If you're sorry, then promise me that I'll be drinking espresso at the hottest café in Gangnam by next week.

Ri Jeong-hyeok: I can't make a promise I can't keep.

Yoon Se-ri: Humph!

윤세리: 아까 한 키스는? 뭐 미리 말해 두지만 나 그런 거 연연하는 사람은 아니에요. 뭐 고조선 사람도 아니고, 정확히는 키스도 아니고 뽀뽀잖아. 그 정도? 파리에선 인사로도 한다고. 그치만 뭔가 더 설명이 필요하지 않겠어요? 여긴 파리가 아닌데.

리정혁: 아니, 나는 뭐라도 하라고 해서.

윤세리: 내가 뭐라도 하랬지, 뭐라도 하랬지, 키스하랬나?

리정혁: 방금 키스가 아니라 뽀뽀라고.

윤세리: 헉~ 선 긋기 하는 거 봐. 그러니까, 뽀뽀니까 상관없다?

리정혁: 아니, 상관없는 게 아니라.

윤세리: 아무 의미 없다?

리정혁: 의미 없는 게 아니라.

윤세리: 어머, 쿨내 진동이다. 할리우드가 따로 없으시네.

리정혁: 할리우드는 안 가 봐서.

윤세리: 됐고요. 나한테 미안하죠? 미안하면 약속해요. 나 다음 주엔 강남에서 제일 핫한 카페에서 에스프레소 먹게 해 주겠다고.

리정혁: 할 수 없는 걸 약속할 수는 없소.

윤세리: 칫!

2. 단어 & 표현 익히기 Vocabulary and Expressions

불시착: 비행기가 비행 도중에 고장이나 연료 부족으로 예정되지 않은 장소에 착륙함	An emergency landing due to aircraft failure or lack of fuel
사고: 뜻밖에 일어난 불행한 일	An unfortunate accident
당하다: 좋지 않은 일 따위를 직접 겪거나 입다	To be subjected to an unfortunate incident or a sustain damage of any kind
헤매다: 갈 바를 몰라서 이리저리 돌아다니다	To get lost and wander about
좌회전: 차 같은 것이 왼쪽으로 돌다	A left turn, as in driving
긍정적: 그러하거나 옳다고 인정하는 것	Positive; affirmative
무리: 정도에서 지나치게 범어남	A strain; a difficulty, impracticality, or impossibility
아예: 일시적이나 부분이 아니라 전적으로	Totally, as opposed to temporarily or partially
해상: 바다 위	At sea
통제: 일정한 목적에 따라 행위를 제한하는 것	An act of control or regulation for a specific purpose
명령: 윗사람이나 상위 조직이 아랫사람에게 무엇을 하게 하는 것	An order; a command from a superior or governing organization

해제: 묶인 것을 풀어서 자유롭게 함	Lifting of restrictions
보름: 15일	Fifteen days
가증스럽다: 괘씸하고 얄밉다	Despicable
약혼녀: 결혼하기로 약속한 여자	A fianceée; a woman engaged to be married
불가피하다: 피할 수 없다	Unavoidable
연연하다: 집착하여 미련을 가지다	To have clinging feelings or obsess
고조선: 한국 최초의 국가, 기원전 2333년 무렵에 단군왕검이 세운 나라	Gojoseon; the first Korean kingdom, founded in 2333 BC by Dangun Wanggeom
정도: 그만큼의 분량	A certain degree or limit
선: 그어 놓은 금이나 줄	A line or boundary
긋다: 줄을 그리다	To draw (a line)
진동: 흔들려 움직임	Vibration; a wave of sort

외래어 Loanwords

파리: Paris. 프랑스의 수도. The capital city of France

쿨내: Cool+내. 말이나 행동 따위에서 느껴지는 시원시원한 느낌. Cool vibes

할리우드: Hollywood. 미국 캘리포니아주 로스앤젤레스에 있는 지역으로, 영화 제작의 중심지.

A region of Los Angeles, California; center of the US film industry

핫하다: Hot+하다. 매우 인기가 많다. On trend; popular

카페: Café

에스프레소: Espresso

준말 & 사투리 Colloquial Terms—Dialect and Abbreviations

그치만: 그렇지만. 주로 구어체에서 쓰임.

Abbreviated, colloquial form of "however"

이케: '이렇게'의 사투리. Dialect for "thus" or "like this"

Fill in the blanks with the appropriate word from the list below (conjugate if necessary).

1) A traffic jam is forming due to a small collision accident at the crosswalk ahead.
2) A mature person must be able to control his/her feelings.
3) If you strain yourself working and don't take care of your health, you may regret it.
4) The way he/she pretended to be oblivious when he/she knew everything was so despicable.
5) If you obsess over your grades too much, it's harder to focus on your studies.
6) When I go to a coffee shop, I normally order espresso.
7) That's the hottest bar in the Hongik University area.

연습 문제 Exercises

빈칸에 알맞은 단어를 넣어 보세요.(필요 시 활용형으로 바꾸세요.)

가증	무리	통제	사고
에스프레소	연연하다	핫하다	

1) 앞의 횡단보도에서 작은 접촉 ( )가 생겨서 교통이 혼잡해지고 있습니다.
2) 성숙한 사람은 자신의 감정을 잘 ( )할 수 있어야 한다.
3) 건강을 생각하지 않고 너무 ( )해서 일하다 보면 나중에 후회할 수 있다.
4) 다 알면서도 일부러 모르는 척하는 그 모습이 무척 ( )스러워 보였다.
5) 성적에 너무 ( ) 보면 오히려 공부에 더 집중하기 어렵다.
6) 나는 커피숍에 가면 보통 ( )를 주문한다.
7) 거기는 홍대에서 가장 ( ) 술집 중 하나다.

정답: 1) 사고 2) 통제 3) 무리 4) 가증 5) 연연하다 6) 에스프레소 7) 핫한

1) The expression "-다 보면 -을/를 수(도) 있다" is used to acknowledge the fact that unexpected things can happen during the course of a continued action.

In the script, Yoon Se-ri says: "사람이 살다 보면 크고 작은 사고를 당할 수 있죠."

Examples

① People can make all kinds of mistakes during the course of their career.

② All sorts of stories can come up during the course of a conversation.

Exercises

① Unexpected accidents can happen during the course of a trip.

② All kinds of difficulties can arise while studying Korean language.

3. 문법 익히기 Form Sentences

1) ~다 보면 ~을/ㄹ 수(도) 있다: 어떤 일을 계속하면 생각지 않던 다른 일들이 생길 수도 있음을 표현할 때 씁니다.

대본에서는: 윤세리 "사람이 살다 보면 크고 작은 사고를 당할 수 있죠."

예시

① 사람이 일을 하**다 보면** 이런저런 실수**할 수도 있다.**

② 대화를 하**다 보면** 이런저런 이야기를 **할 수 있다.**

연습해 보기

① 여행을 하다 보면 (   )

② 한국어를 배우다 보면 (   )

정답 예시: ① 생각지 않던 사고가 생길 수도 있습니다. ② 이런저런 어려움이 생길 수 있습니다.

2) The expression "-밖에 못-" is used when one can't do anything other than what comes before the expression.

In the script, Yoon Se-ri says: "아니, 지금 상황에 말을 그렇게밖에 못해요?"

Examples

① I'm not good at cooking. I can only cook ramen.

② I don't speak Chinese. I only speak Korean.

Exercises

① 가: Can you play any other instruments?
나: No, I can only play the piano.

② 가: Have you traveled a lot in Korea?
나: No, I've only been to Jeju Island.

2) ~밖에 못~: 오직 그것 하나만 할 수 있음을 표현할 때 씁니다.

대본에서는: 윤세리 "아니, 지금 상황에 말을 그렇게**밖에 못**해요?"

예시

① 저는 요리 잘 못해요, 라면**밖에 못** 끓여요.

② 저는 중국어는 할 줄을 몰라요. 한국어**밖에 못**해요.

연습해 보기

① 가: 다른 악기도 다룰 수 있나요?

나: 아니요, 저는 (   ) 못 쳐요.

② 가: 한국에서 여행 많이 다녔나요?

나: 아니요, 저는 제주도밖에 (   ).

정답 예시: ① 피아노밖에 ② 못 가 봤어요

3) The expression "-이/가 아니라 -는 거다" is used to state that one is talking about what follows the expression instead of what precedes it. In the script, Yoon Se-ri says: "거짓말이 아니라 위로를 하란(하라는) 거지. 괜찮다. 할 수 있다."

Examples

① I'm saying we should meet on my birthday, not today.

② It's sincerity I want, not money.

Exercises

① 가: Is something wrong?

나: I ordered *doenjang-jjigae*, not *kimchi-jjigae*. I think there has been a mix-up.

② 가: Do you want to go out with me?

나: I wanted a friend, not a boyfriend. Sorry.

3) ~가/이 아니라 ~는 거다: 내가 원한 것은 그것이 아니고 이것임을 제시할 때 씁니다.

대본에서는: 윤세리 "거짓말**이 아니라** 위로를 하란(하라는) **거지**. 괜찮다. 할 수 있다."

예시

① 오늘**이 아니라** 내 생일 날에 보자**는 거지**.

② 돈**이 아니라** 정성을 원하**는 거지**.

연습해 보기

① 가: 뭐가 잘못됐나요?

나: 저는 (   ) 된장찌개를 주문한 건데, 잘못 나온 것 같습니다.

② 가: 우리 사귀어도 될까?

나: 나는 남자 친구가 아니라 그냥 (   ). 미안해.

정답 예시: ① 김치찌개가 아니라   ② 친구를 원한 거야

4) The expression "-랬지 -랬나?" is used to resentfully point out that someone didn't follow one's direction to do what precedes the expression and did what follows it instead.
In the script, Yoon Se-ri says: "내가 뭐라도 하랬지. 뭐라도 하랬지. 키스하랬나?"

Examples

① I told you to study, not to read a magazine.
② I told you to keep it to yourself, not to go publicize it.

Exercises

① 가: Boss, did I do something wrong?
나: I told you to give the file directly to me, not go through the department head.
② 가: Why didn't you answer my call yesterday? Are you upset?
나: I told you to call during the day, not in the middle of the night.

4) ~랬지 ~랬나?: 자신의 의도대로 되지 않았을 때, 잘못된 것을 지적하면서 상대방을 원망할 때 씁니다.

대본에서는: 윤세리 "내가 뭐라도 하**랬지**. 뭐라도 하**랬지**. 키스하**랬나**?"

예시

① 내가 공부를 하**랬지**, 잡지를 보**랬나**?

② 내가 혼자만 보**랬지**, 이렇게 사람들한테 다 공개하**랬나**?

연습해 보기

① 가: 사장님, 제가 무엇을 잘못했습니까?

나: 파일을 직접 (   ), 부장을 거치라고 했나?

② 가: 왜 어제 전화를 안 받았어? 화났어?

나: 낮에 전화하랬지, 한밤중에 (   )

정답 예시: ① 달랬지   ② 전화하랬나?

1) What does it mean to "draw a line?"

① To set a boundary

② To speak aggressively

③ To offend someone

④ To stretch a rope

2) Choose the reason why Yoon Se-ri is angry at Ri Jeong-hyeok.

① Because he kissed her

② Because he drew a line with her

③ Because his eyes are odd-looking

④ Because he failed to take her back to South Korea

3) Mark ○ if true and × if false.

① Yoon Se-ri is currently in North Korea.

② Yoon Se-ri is Ri Jeong-hyeok's fiancée.

③ Yoon Se-ri will be able to go back to South Korea next week.

④ Yoon Se-ri once drove a car from Gangnam to Daejeon.

4. 읽고 선택하기 Read and Respond

1) "선을 긋다"는 것은 무슨 뜻입니까?

① 더 다가오지 못하게 하다.

② 날카롭게 말하다

③ 기분 나쁘게 하다.

④ 줄을 치다.

2) 윤세리가 리정혁한테 화난 이유를 고르세요.

① 리정혁이 윤세리한테 뽀뽀를 해서

② 리정혁이 윤세리한테 선을 그어서

③ 리정혁이 눈이 이상하게 생겨서

④ 리정혁이 윤세리를 한국에 데려다 주지 않아서

3) 맞는 것은 ○, 틀린 것은 × 하세요.

① 윤세리는 지금 북한에 있다. ( )

② 윤세리는 리정혁의 약혼녀다. ( )

③ 윤세리는 다음 주에 한국에 갈 수 있다. ( )

④ 윤세리는 차를 운전해서 강남에서 대전까지 간 적 있다. ( )

4) What did Ri Jeong-hyeok lie about and what was the reason?

5) Find the set of words that aren't antonyms.

① Affirmation—Denial ② Left turn—Right turn

③ Engagement—Marriage ④ Danger—Safety

4) 리정혁은 어떤 거짓말을 했습니까? 이런 거짓말을 한 이유는 무엇입니까?

5) 반의어 관계가 아닌 것을 고르세요.

① 긍정-부정 ② 좌회전-우회전 ③ 약혼-결혼 ④ 위험-안전

정답: 1) ① 2) ② 3) ① ○, ② ×, ③ ×, ④ × 4) 윤세리가 자신의 약혼녀라고 거짓말을 했다. 윤세리를 보호해 주려고. He lied Yoon Se-ri was his fiancée in order to protect her. 5) ③

5. 드라마 다시 보기 Watch the Scenes Again

영상을 다시 보면서 빈칸을 채워 보세요. 친구들과 역할을 나누어 읽어 보세요.

Fill in the blanks as you watch the scenes again. With a friend, choose characters and take turns reading the script out loud.

윤세리: 사람이 살다 보면 크고 작은 (　　　　)를 당할 수 있죠. 헤맬 수도 있고. 나 아는 사람은 운전 처음 배울 때 (　　　　) 못해서 강남에서 대전까지 갔대. 나도 그런 거지 뭐. 물론 난 대전이 아니고 북한인 거지만. 뭐 거리론 비슷할걸요.

리정혁: 안 탈 거요?

윤세리: 오늘 일은 그래요. 조금 더 헤매는 거라고 (　　　　)으로 생각할게요. 그치만 다음 주 안엔 갈 수 있겠죠?

리정혁: 뭘요?

윤세리: 물론 (　　　　)겠지만 찾아보면 방법이 아예 없진 않겠죠?

리정혁: 없소. 한번 해상통제명령이 떨어지면 (　　　　)될 때까지 짧아도 열흘에서 (　　　　)이 걸리니까⋯⋯.

윤세리: 아니, 지금 (　　　　)에 말을 그렇게밖에 못해요?

리정혁: 나는 사실 그대로 말한 것…….

윤세리: 내가 지금 이 상황에 사실 그대로 듣고 싶겠어요?

리정혁: 나더러 거짓말을 하라는…….

윤세리: 거짓말이 아니라 위로를 하란 거지. 괜찮다. 할 수 있다.

리정혁: 거짓 위로는 할 수 없소.

윤세리: (   ).

리정혁: 가…… 가증?

윤세리: 태어나서 거짓말이라고는 한 번도 안 해본 것 같은 눈으로 쳐다보지 마요.

리정혁: 내가 눈이 원래 이케 생겼…….

윤세리: 평소에는 잘만 하더만 거짓말. 왜 이럴 땐 못하지?

리정혁: 내가 언제?

윤세리: 나더러 (   )라면서요.

리정혁: 아이, 그때는 상황이 불가피해서.

윤세리: 아까 한 키스는? 뭐 미리 말해 두지만 나 그런 거 (   )하는 사람은 아니에요. 뭐 고조선 사람도 아니고, 정확히는 키스도 아니고 (   )잖아. 그 정도? 파리에선 인사로도 한다고. 그치만 뭔가 더 설명이 필요하진 않겠어요? 여긴 파리가 아닌데.

Yoon Se-ri "crash-landed" in the unfamiliar territory that is North Korea. Though North Korea is geographically adjacent to and has the same ethnic makeup as South Korea, the cultures and living environments of the two are fundamentally different. In the show, Yoon Se-ri remains cheerful and gets along with the North Korean residents who are unlike her in every way. Have you experienced leaving your hometown and living in an unfamiliar environment? What was the new place like and what were some of the difficulties you faced?

Below is a journal entry written from Yoon Se-ri's perspective about the circumstances she was faced with. Read it and write your own journal entry about a personal experience you've had in a foreign environment.

6. 읽고 써 보기 Read and Write

윤세리는 북한이라는 낯선 장소에 불시착했습니다. 북한은 한국과 가장 가까운 나라이고 같은 민족으로 이루어진 나라이지만 문화와 생활 환경이 전혀 다릅니다. 드라마에서 윤세리는 모든 면에서 매우 다른 북한 주민들과 잘 어울리고 씩씩하게 지냅니다.

여러분도 고향을 떠나 낯선 곳에서 살아 본 경험이 있나요? 그렇다면 그 곳은 어떠했고 또 어떤 어려움을 겪었나요?

아래는 윤세리의 상황을 일기로 써 본 것입니다. 여러분들도 낯선 곳에서 생활했던 자신의 경험을 일기로 한번 작성해 보세요.

I'm in North Korea right now. Something I have never even dreamed of has happened. I can't believe I'm in North Korea. The paragliding accident changed my destiny in a split second. Here, they call the South Korea "South Joseon" and villfy it for being a capitalist country. I can't reveal the fact that I'm South Korean because they will report me right away. I'm keeping it strictly to myself, captain Lee, no, Ri Jeong-hyeok who saved me, and a number of his subordinates, and keeping it a secret from the village people. They think that I'm Ri's fiancée. I don't know where he came up with that lie, but it's allowed for me to stay in the comfort of his home for a while.

The environment here is so different from where I used to live. A lot of things are inconvenient. It's not easy to take a shower, let alone in warm water. Captain Ri bought me shampoo and soap from the market, but I have to boil water myself to take a bath. Meat is hard to come by and coffee is also scarce. Power goes out frequently and there is this thing called accommodation censorship, so people from the People's Army drop in for random inspections.

But the village people are kind and innocent. They come together in times of need to help and worry like others' problems are their own. They are concerned for and sincere to one another. I've been receiving more warmth and care than I ever did back home. It's only been a short while, but I've grown so fond of these people that I will never forget them even after I leave this place. But will I ever be able to go back to South Korea? I won't have to live here like this forever, will I?

2019년 12월 20일 날씨: 서울보다 추움

여기는 지금 북한이다. 꿈에도 상상하지 못했던 일이 벌어졌다. 내가 북한에 오다니……. 패러글라이딩 사고가 내 운명을 한순간에 바꾸어 놓았다.

여기서는 한국을 '남조선'이라고 부르고 자본주의 나라라고 적대시한다. 내가 한국인이라는 걸 알면 당장 신고할 것이므로 나는 그들에게 내가 한국인이라는 사실을 밝힐 수 없다. 나를 구해 준 이정혁, 아니 리정혁 대위와 그의 부하 몇몇을 빼고 마을 사람들에게는 절대 비밀로 하고 있다. 그들은 내가 리정혁의 약혼녀인 줄 안다. 리정혁이 어쩌다가 그런 거짓말을 했는지 모르지만, 그 덕분에 나는 그의 집에서 당분간 편하게 지내게 되었다.

여기는 내가 살던 곳과는 환경이 너무 다르다. 많은 것들이 불편하다. 따뜻한 물은커녕 샤워 한번 하기도 쉽지 않다. 샴푸며 비누며 리정혁 대위가 장마당에서 사다 주긴 했지만 목욕을 하려면 물을 직접 끓여야 한다. 고기도 자주 먹을 수 없고 커피도 쉽게 마실 수 없다. 수시로 정전이 되고 또 숙박검열이라고 해서 인민반 사람들이 갑자기 집에 들이닥쳐 검사하기도 한다.

그래도 마을 사람들은 착하고 순수하다. 누구한테 무슨 일이 생기면 모여서 자기 일처럼 도와주고 걱정해 준다. 서로 관심을 가지고 진심으로 대한다. 한국에 있을 때보다 더 따뜻하고 넘치는 보살핌을 받고 있다. 짧은 시간인데도 정이 들어서 이곳을 떠난다고 해도 이곳 사람들을 평생 잊지 못할 것이다. 그런데 나는 과연 한국으로 돌아갈 수 있긴 한 건가? 여기서 이렇게 평생 사는 것은 아니겠지?